は　し　が　き

　令和２年初頭からの新型コロナウイルス感染症の拡大は、世界経済や産業構造に大きな影響を与えました。人々の生活はリモート化が進み、電子商取引の急伸や情報通信技術の発展等により、消費行動や企業行動にも変化が見られています。このような状況を踏まえ、知的財産制度に係る手続をオンラインで行うことができるようにすること、そして、経済活動の変化に対応し知的財産権の保護を適切に見直していくことが求められています。また、新型コロナウイルス感染症の影響により経済活動が停滞する中、日本の産業を振興し、イノベーションを促進していくためには、知的財産制度を支える財政基盤や弁理士制度等について、中長期的な視野に立ち、強化していくことも必要です。

　そこで、政府は、新型コロナウイルス感染症の拡大に対応したデジタル化等の手続の整備や、デジタル化等の進展に伴う企業行動の変化に対応した権利保護の見直し、知的財産制度の基盤強化の三本柱とする重要な法律改正を提案しました。この「特許法等の一部を改正する法律案」は、令和３年３月２日に第204回通常国会に提出され、国会での審議を経て令和３年５月14日に成立し、同年５月21日に〈特許法等の一部を改正する法律（以下「本改正」という。)〉令和３年法律第42号として公布されています。

　本書は、産業構造審議会知的財産分科会基本問題小委員会・特許制度小委員会・意匠制度小委員会・商標制度小委員会・弁理士制度小委員会における審議、立案過程における議論等を踏まえ、改正の趣旨、内容、ポイントを平易に解説したものです。

　本改正作業に際しては、産業構造審議会知的財産分科会基本問題小委員

会の委員長である長岡貞男 東京経済大学経済学部教授、同分科会特許制度小委員会の委員長である玉井克哉 東京大学先端科学技術研究センター教授・信州大学経法学部教授、同分科会意匠制度小委員会・商標制度小委員会の委員長である田村善之 東京大学大学院法学政治学研究科教授、同分科会弁理士制度小委員会の委員長である井上由里子 一橋大学大学院法学研究科教授、を始めとする各委員及び特許庁内外の多数の方々から、多大な御指導、御助言を頂きました。この場をお借りして厚く御礼申し上げる次第です。

　本書が、新制度について多くの方々に理解され、その運用がより円滑になされることの一助になれば幸いです。

令和3年12月

特許庁 制度審議室長

猪　俣　明　彦

凡　例

知的財産高等裁判所判決…知財高判
東京高等裁判所決定…東京高決

千九百年十二月十四日にブラッセルで、千九百十一年六月二日にワシントンで、千九百二十五年十一月六日にヘーグで、千九百三十四年六月二日にロンドンで、千九百五十八年十月三十一日にリスボンで及び千九百六十七年七月十四日にストックホルムで改正された工業所有権の保護に関する千八百八十三年三月二十日のパリ条約…パリ条約

特許法条約（Patent Law Treaty）…PLT

意匠法条約（Design Law Treaty）…DLT

標章の国際登録に関するマドリッド協定の千九百八十九年六月二十七日にマドリッドで採択された議定書…議定書

意匠の国際登録に関するハーグ協定のジュネーブ改正協定…ジュネーブ改正協定

民事訴訟法…民訴法
特許法等の一部を改正する法律（令和３年５月21日法律第42号）…改正法

民事訴訟規則…民訴規則

目　　次

制度改正担当者

序　章

1．制度改正の概要

　令和2年初頭からの新型コロナウイルス感染症の拡大により、「非接触」の生活様式が浸透するとともに、電子商取引の急伸や情報通信技術等の発展により、消費行動や企業行動の変化が見られている。これらの生活様式及び経済活動の変化に対応した施策を講じるとともに、知的財産制度を安定的に支える基盤を構築することが必要であるとして、令和3年第204回通常国会において、特許法、実用新案法、意匠法、商標法、工業所有権に関する手続等の特例に関する法律、特許協力条約に基づく国際出願等に関する法律及び弁理士法について、所要の改正を行った。

　第一に、新型コロナウイルス感染症の拡大に対応したデジタル化等の手続の整備として、口頭審理期日等における当事者等の出頭のオンライン化、特許料等の支払手段の見直し、国際意匠登録出願及び国際商標登録出願における登録査定謄本の送達方法の見直し、災害等の発生時における割増手数料の免除等について措置を講じた。

　第二に、デジタル化等の進展に伴う企業行動の変化に対応した権利保護の見直しとして、海外からの模倣品流入に対する規制の強化、訂正審判等における通常実施権者の承諾の要件の見直し、特許権等の権利回復の要件の変更について措置を講じた。

　第三に、知的財産制度の基盤強化として、特許権等侵害訴訟等における第三者意見募集制度の導入、特許料等の料金改定、農林水産知財業務の弁理士業務への追加等について措置を講じた。

２．法改正の経緯

　上記措置を法制化すべく、産業財産権制度に関する課題について、産業構造審議会知的財産分科会の下に設置された基本問題小委員会、特許制度小委員会、意匠制度小委員会、商標制度小委員会及び弁理士制度小委員会において検討が行われた。また、令和３年２月に、基本問題小委員会において「ウィズコロナ／ポストコロナ時代における産業財産権政策の在り方—とりまとめ—」、特許制度小委員会において報告書「ウィズコロナ／ポストコロナ時代における特許制度の在り方」、商標制度小委員会において報告書「ウィズコロナ／ポストコロナ時代における商標制度の在り方について」、弁理士制度小委員会において報告書「弁理士制度の見直しの方向性について」が取りまとめられた。

　「特許法等の一部を改正する法律案」は、令和３年３月２日に閣議決定した後、同日に第204回通常国会に提出された。同法案は、４月９日の衆議院経済産業委員会における提案理由説明、４月21日の質疑及び採決を経て、４月22日の衆議院本会議において可決、また、５月11日の参議院経済産業委員会における提案理由説明、５月13日の質疑及び採決を経て、５月14日の参議院本会議において可決・成立し、５月21日に「令和３年法律第42号」として公布された。

【特許法等の一部を改正する法律の成立・施行まで】
＜産業構造審議会知的財産分科会基本問題小委員会＞
第１回小委員会　令和２年10月９日（金）
　　現状認識と今後の論点
第２回小委員会　令和２年11月16日（月）
　　審査制度の在り方、今後の知財政策・制度改正の方向性
第３回小委員会　令和２年12月４日（金）
　　特許庁サービスの維持・向上に必要な料金体系の在り方

第４回小委員会　令和２年12月21日（月）

　ウィズコロナ／ポストコロナ時代における産業財産権政策の在り方
　　―とりまとめ骨子―（案）

第５回小委員会　令和２年１月27日（水）

　ウィズコロナ／ポストコロナ時代における産業財産権政策の在り方
　　―とりまとめ―（案）

＜産業構造審議会知的財産分科会特許制度小委員会＞

第32回小委員会　令和元年９月10日（火）

　知財紛争処理システムの見直しについて

第33回小委員会　令和元年10月10日（木）

　①　高橋　弘史委員からのプレゼンテーション

　②　一般社団法人日本知的財産協会からのプレゼンテーション

　③　最高裁判所からのプレゼンテーション

第34回小委員会　令和元年10月31日（木）

　①　杉村　純子委員からのプレゼンテーション

　②　一般社団法人日本経済団体連合会からのプレゼンテーション

第35回小委員会　令和元年11月14日（木）

　①　山本　敬三委員からのプレゼンテーション

　②　ディルク・シュスラー＝ランゲハイネ　ドイツ弁護士からのプ
　　レゼンテーション

　③　AI・IoT技術の時代にふさわしい特許制度の検討に向けて

第36回小委員会　令和２年１月24日（金）

　①　提案募集の結果

　②　日本弁理士会からのプレゼンテーション

　③　一般社団法人日本知的財産協会からのプレゼンテーション

　④　一般社団法人電子情報技術産業協会からのプレゼンテーション

第37回小委員会　令和2年4月2日（木）

① 「AI・IoT技術の時代にふさわしい特許制度」に関する検討の方向性

② 知財紛争処理システムの見直しについて

第38回小委員会　令和2年5月13日（水）

① 特許権の実効的な保護のための関連データの取扱いについて

② 訂正審判等における通常実施権者の承諾について

第39回小委員会　令和2年5月29日（金）

① 特許権侵害にかかる損害賠償制度について

② 差止請求権のあり方について

③ 標準必須特許を巡る異業種間交渉について

第40回小委員会　令和2年6月16日（火）

AI・IoT技術の時代にふさわしい特許制度の在り方―中間とりまとめ―（案）

第41回小委員会　令和2年7月9日（木）

AI・IoT技術の時代にふさわしい特許制度の在り方―中間とりまとめ―

第42回小委員会　令和2年11月2日（月）

① 今後の検討事項の方向性について

② 訂正審判等における通常実施権者の承諾の要件の見直し

③ 口頭審理期日における当事者の出頭のオンライン化

④ 当事者本人への証拠の開示制限（アトニーズ・アイズ・オンリー）

第43回小委員会　令和2年11月27日（金）

① 早期の紛争解決を図る新たな訴訟類型（二段階訴訟制度）

② 侵害者利益吐き出し型賠償制度

③ 災害等の発生時における割増手数料の取り扱い

第44回小委員会　令和2年12月8日（火）

① 第三者意見募集制度（日本版アミカスブリーフ制度）

②　権利回復制度の見直し

③　模倣品の越境取引に関する規制の必要性について

第45回小委員会　令和２年12月23日（水）

　ウィズコロナ／ポストコロナ時代における特許制度の在り方（案）

第46回小委員会　令和３年２月５日（金）

　ウィズコロナ／ポストコロナ時代における特許制度の在り方

＜産業構造審議会知的財産分科会意匠制度小委員会＞

第12回小委員会　令和３年１月18日（月）

①　令和元年改正意匠法施行後の状況について

②　国際意匠登録出願における証明書の提出方法の拡充について

③　国際意匠登録出願の登録査定謄本送達方法の拡充について

④　模倣品の越境取引に関する規制の必要性について

⑤　その他の法改正事項について

＜産業構造審議会知的財産分科会商標制度小委員会＞

第６回小委員会　令和２年11月６日（金）

①　商標政策の現状と今後の取組

②　財務省関税局からのプレゼンテーション

③　模倣品の越境取引に関する商標法上の規制の必要性について

④　国際商標登録出願に係る手数料納付方法及び登録査定の謄本の
　　送達方法の見直しについて

⑤　特許法改正論点の商標法への波及について

第７回小委員会　令和２年12月16日（水）

　報告書（案）

第８回小委員会　令和３年１月28日（木）

　報告書取りまとめ

＜産業構造審議会知的財産分科会弁理士制度小委員会＞

第15回小委員会　令和２年10月30日（金）

① これまでの弁理士制度見直しについて

② 平成26年、30年改正弁理士法の施行状況について

③ 弁理士制度見直しの方向性について

第16回小委員会　令和２年11月25日（水）

① 中小企業への対応について

② 農林水産分野への対応について

第17回小委員会　令和２年12月21日（月）

① 相談しやすい環境の整備

② 「弁理士制度小委員会報告書（案)」について

第18回小委員会　令和３年２月４日（木）

「弁理士制度小委員会報告書（案)」について

＜報告書のとりまとめから公布まで＞

令和３年

２月３日　産業構造審議会知的財産分科会基本問題小委員会報告書
　　　　　「ウィズコロナ／ポストコロナ時代における産業財産権政
　　　　　策の在り方—とりまとめ—」

２月４日　産業構造審議会知的財産分科会商標制度小委員会報告書
　　　　　「ウィズコロナ／ポストコロナ時代における商標制度の在
　　　　　り方について」とりまとめ

２月８日　産業構造審議会知的財産分科会特許制度小委員会報告書
　　　　　「ウィズコロナ／ポストコロナ時代における特許制度の在
　　　　　り方」とりまとめ

２月８日　産業構造審議会知的財産分科会弁理士制度小委員会報告書
　　　　　「弁理士制度の見直しの方向性について」とりまとめ

３月２日　「特許法等の一部を改正する法律案」閣議決定

3月2日　　同法案第204回通常国会　提出

4月9日　　衆議院経済産業委員会　提案理由説明

4月21日　　衆議院経済産業委員会　質疑・採決

4月22日　　衆議院本会議　可決

5月11日　　参議院経済産業委員会　提案理由説明

5月13日　　参議院経済産業委員会　質疑・採決

5月14日　　参議院本会議　可決・成立

5月21日　　公布（令和3年法律第42号）

＜施行＞

〇公布の日から起算して1年を超えない範囲内において政令で定める
　日（令和4年4月1日）【改正法附則第1条本文関係】
　・特許権等侵害訴訟等における第三者意見募集制度の導入
　・訂正審判等における通常実施権者の承諾の要件の見直し
　・特許料等の料金改定
　・書面手続における支払手段の拡充
　・弁理士法の改正

〇公布の日から起算して6月を超えない範囲内において政令で定める
　日（令和3年10月1日）【改正法附則第1条第3号関係】
　・口頭審理期日等における当事者等の出頭のオンライン化
　・災害等の発生時における割増手数料の免除
　・国際意匠登録出願における新規性喪失の例外適用証明書の提出方
　　法の拡充
　・国際意匠登録出願に係る登録査定の謄本の送達方法の見直し
　・特許印紙予納の廃止

〇公布の日から起算して1年半を超えない範囲内において政令で定め
　る日【改正法附則第1条第4号関係】
　・海外からの模倣品流入に対する規制の強化

○公布の日から起算して２年を超えない範囲内において政令で定める
　日【改正法附則第１条第５号関係】
　・特許権等の権利回復の要件の変更
　・国際商標登録出願における商標登録手数料の二段階納付の廃止及
　　び登録査定の謄本の送達方法の見直し

第1章　特許権等の権利回復の要件の変更

1．改正の必要性

(1)　従来の制度
①　権利等の回復規定

　日本を含む各国の産業財産権制度においては、出願人や権利者（以下「出願人等」という。）と特許庁との間の各種手続の円滑な処理や、第三者の監視負担などに配慮し、出願人等が一定の期限までに特定の手続を行わなかった場合、出願人等が有していた権利を失ったり、先の出願の日から一定の期限を経過すると優先権を主張することができなくなる旨が規定されている。

　一方で、このような規定により、実体的には保護を受けるための要件を備えた発明等が、軽微な手続のミスにより保護を受けられず、権利として活用されないこととなるなど、出願人等にとって酷な場合も存在することから、一定の要件の下、手続期間を徒過したことにより一旦は失われた権利や優先権（以下「権利等」という。）を回復する制度（以下「権利等の回復制度」という。）が設けられている。

［日本における権利等の回復制度の対象手続一覧］
［特許法による手続］

①	外国語書面出願の翻訳文（第36条の2第6項）
②	特許出願等に基づく優先権主張（第41条第1項第1号）
③	パリ条約の例による優先権主張（第43条の2第1項）
④	出願審査の請求（第48条の3第5項）
⑤	特許料の追納による特許権の回復（第112条の2第1項）

⑥	外国語でされた国際特許出願の翻訳文（第184条の4第4項）
⑦	在外者の特許管理人の特例（第184条の11第6項）

［実用新案法による手続］

⑧	実用新案登録出願等に基づく優先権主張（第8条第1項第1号）
⑨	パリ条約の例による優先権主張（第11条第1項で準用する特許法第43条の2第1項）
⑩	登録料の追納による実用新案権の回復（第33条の2第1項）
⑪	外国語でされた国際実用新案登録出願の翻訳文（第48条の4第4項）
⑫	在外者の実用新案管理人の特例（第48条の15第2項で準用する特許法第184条の11第6項）

［意匠法による手続］

⑬	パリ条約の例による優先権主張（第15条第1項で準用する特許法第43条の2第1項）
⑭	登録料の追納による意匠権の回復（第44条の2第1項）

［商標法による手続］

⑮	商標権の回復（第21条第1項）
⑯	後期分割登録料等の追納による商標権の回復（第41条の3第1項）
⑰	防護標章登録に基づく権利の存続期間の更新登録（第65条の3第3項）
⑱	書換登録の申請（附則第3条第3項）

② 特許法条約における権利の回復要件

　特許法条約（Patent Law Treaty。以下「PLT」という。）は、各国で異なる特許の国内出願手続の調和や簡素化を目的とし、出願人等の利便性向上及び負担軽減を図る条約である。

　PLTにおいては、権利等の回復制度の国際調和を図り、形式的又は手

続的な要件の瑕疵や手続期間の不遵守による権利等の喪失を避けるため、「手続の期間を遵守しなかったことがその直接の結果として出願又は特許に係る権利の喪失を引き起こしたとき」（PLT第12条）に、一定の要件の下、喪失した権利を回復することを締約国に求めている。また、「優先権の主張を伴う出願の出願日が、その優先期間の満了日の後、（規則に定める）期間内である場合」（PLT第13条）においても同様に、締約国は当該優先権を回復させる必要がある。その際の判断基準については、条約の定めにより、締約国は、以下のいずれかを選択することとされている（PLT第12条、第13条）。

(i)　状況により必要とされる相当な注意（Due Care）を払ったにもかかわらず当該期間を遵守できなかったこと（以下「相当な注意基準」という。）

(ii)　その遅滞が故意でなかった（Unintentionalであった）こと（以下「故意でない基準」という。）

　なお、商標分野においては、商標法に関するシンガポール条約（Singapore Treaty on the Law of Trademarks。以下「STLT」という。）において、PLTと同旨の規定が置かれている。

③　日本における権利等の回復制度に関する経緯

　日本は、PLT及びSTLTへの加入（平成28年6月）に先駆けて、権利等の回復制度の整備を順次進めてきた。平成23年の特許法、実用新案法、意匠法及び商標法（以下「特許法等」という。）の改正において、「相当な注意基準」を採用し、手続をすることができなかったことについて、従前の「その責めに帰することができない理由」に比して緩やかな要件である「正当な理由」があることと規定した。

　さらに、平成26年の特許法等の改正において、出願審査の請求や優先権について権利等の回復を認める制度を導入し、救済の対象を拡充してきた。平成28年のPLT及びSTLTへの加入に際しても、日本は「相当な注意基準」

を採用し、平成23年の特許法等の改正によって定めた要件である「正当な理由」を維持することとした。仮に手数料を徴収せずに「故意でない基準」を選択した場合は、制度の濫用を招くおそれがあると考えられたためである。

(2)　改正の必要性

　日本においては、特許庁の処分が後に行政争訟の対象となることも念頭に、「正当な理由」について慎重に解し、運用を進めてきた。

　この結果、近年、国内外の出願人等から、日本の権利等の回復のための判断基準及び立証負担は、欧米諸国に比して厳格に過ぎるとの指摘を受けている。実態として、PLTに加入する諸外国における権利の回復申請に対する認容率は、故意でない基準を採用する国においては90%以上となっており、また、相当な注意基準を採用する国においても60%以上となっているが、日本の認容率は突出して低い（10〜20%程度）。また、手続面でも証拠書類の提出を必須としている点で厳しい運用となっている。

　特許等の権利化は国境を越えて行われることが多く、同様の手続の瑕疵に起因する期間徒過により喪失した権利等が他国では回復される一方、日本では回復されない場合には、結果として日本国内では十分な救済が得られない事態になる。

2.　改正の概要

(1)　「故意でない基準」への転換

　PLTにおける権利等の回復のための要件を「相当な注意基準」から「故意でない基準」に転換し、特許法等において、手続期間を徒過した場合に救済を認める要件について、「（手続をすることができなかったことについて）正当な理由がある」から「（手続をしなかったことが）故意によるものでない」に改めることとした。

12

⑵　回復手数料の徴収

　本改正により、権利等の回復は容易となるところ、制度の濫用を防ぐとともに、手続期間の遵守についてはこれを引き続き促進する必要があることから、それに十分な程度の回復手数料を徴収することとした。その金額の水準は、消滅した権利を出願して再取得すると擬制した場合に特許庁に納付すべき金額（出願から権利化までに要する平均的な手数料額）に相当するものとした。

　また、金額の算出に当たっての要素である出願手数料及び審査請求手数料が上限金額のみ法定されていることに鑑み、回復手数料についても、上限金額のみを法律に規定し、具体的金額は政令で定めることとした。

⑶　回復手数料の免除規定

　回復手数料は、安易な申請による制度の濫用を防ぐために導入するものであり、令和2年初頭からの新型コロナウイルス感染症の拡大等の影響により、出願人等がやむを得ない事情により、期間内に手続をすることができない場合にまで当該手数料を徴収するのは酷である。

　このため、災害や感染症等によって、手続期間の徒過が出願人等の責めに帰することができない場合に、「第6章　災害等の発生時における割増手数料の免除」と同じ趣旨で、回復手数料を免除する規定を設けた。

3. 改正条文の解説

(1) 翻訳文の提出に係る権利の回復規定
◆特許法第36条の２第６項

> 第三十六条の二　（略）
>
> ２〜５　（略）
>
> ６　前項の規定により取り下げられたものとみなされた特許出願の出願人は、経済産業省令で定める期間内に限り、経済産業省令で定めるところにより、第二項に規定する外国語書面及び外国語要約書面の翻訳文を特許庁長官に提出することができる。ただし、故意に、第四項に規定する期間内に前項に規定する翻訳文を提出しなかつたと認められる場合は、この限りでない。
>
> ７・８　（略）

　外国語書面出願の出願人は、出願日（優先権を主張したものにあっては、先の出願の日）から１年４月以内（当該出願が分割出願、変更出願又は実用新案登録に基づく特許出願である場合は、当該出願の日から２月以内）に、外国語書面及び外国語要約書面の日本語による翻訳文を提出することができ（特許法第36条の２第２項）、当該期間内にこれら書面の翻訳文が提出されない場合、特許庁長官は出願人にその旨を通知しなければならない（同条第３項）。当該通知から所定の期間内に外国語書面（図面を除く。）の翻訳文が提出されなかった場合、出願は取り下げられたものとみなされる（同条第５項）。

　第６項は、同条第５項によって出願が取り下げられたとみなされた後も、一定の要件の下、外国語書面及び外国語要約書面の翻訳文の提出を認めるものである。本改正は、その要件として、「（期間内に当該翻訳文を提出できなかつたことについて）正当な理由がある」こととしていた点を改正し、

14

期間の徒過が故意によるものであった場合を除き、提出を認めることとした。なお、手続を認める期間及び具体的な申請の手続については、それぞれ経済産業省令で定める。

◆特許法第184条の4第4項

> **（外国語でされた国際特許出願の翻訳文）**
> **第百八十四条の四**　（略）
> **2・3**　（略）
> **4**　前項の規定により取り下げられたものとみなされた国際特許出願の出願人は、経済産業省令で定める期間内に限り、<u>経済産業省令で定めるところにより</u>、明細書等翻訳文並びに第一項に規定する図面及び要約の翻訳文を特許庁長官に提出することができる。<u>ただし、故意に、国内書面提出期間内に当該明細書等翻訳文を提出しなかったと認められる場合は、この限りでない。</u>
> **5〜7**　（略）

特許協力条約（Patent Cooperation Treaty。以下「PCT」という。）の規定により、外国語でされた国際特許出願の出願人は、国際出願の日（優先権を主張したものにあっては、先の出願の日）から原則2年6月（国内書面提出期間）内に、国際出願の明細書、請求の範囲、図面（説明の部分）及び要約の日本語による翻訳文を特許庁長官に提出することができ（特許法第184条の4第1項）、当該期間内に明細書及び請求の範囲の翻訳文が提出されなかった場合、国際特許出願は取り下げられたものとみなされる（同条第3項）。

　第4項は、同条第3項によって出願が取り下げられたとみなされた後も、一定の要件の下、国際出願の明細書、請求の範囲、図面（説明の部分）及び要約の翻訳文の提出を認めるものである。本改正は、その要件について、

同法第36条の２第６項と同様の措置を講じたものである。

◆実用新案法第48条の４第４項

（外国語でされた国際実用新案登録出願の翻訳文）

第四十八条の四　（略）

２・３　（略）

4　前項の規定により取り下げられたものとみなされた国際実用新案
　登録出願の出願人は、当該明細書等翻訳文を提出することが<u>できる
　ようになつた日から二月以内で国内書面提出期間の経過後一年以内
　に限り</u>、<u>経済産業省令で定めるところにより</u>、明細書等翻訳文並び
　に第一項に規定する図面及び要約の翻訳文を特許庁長官に提出する
　ことができる。<u>ただし、故意に、国内書面提出期間内に当該明細書
　等翻訳文を提出しなかつたと認められる場合は、この限りでない。</u>

5〜7　（略）

　第48条の４第４項は、PCTに基づいて、一定の要件の下、外国語でさ
れた国際実用新案登録出願の明細書等の翻訳文の提出を認める規定であ
り、当該要件について、特許法第184条の４第４項と同趣旨で改正するこ
ととした。

⑵　優先権の主張に係る権利の回復規定
◆特許法第41条第１項

（特許出願等に基づく優先権主張）

第四十一条　特許を受けようとする者は、次に掲げる場合を除き、そ
　の特許出願に係る発明について、その者が特許又は実用新案登録を
　受ける権利を有する特許出願又は実用新案登録出願であつて先にさ

れたもの（以下「先の出願」という。）の願書に最初に添付した明細書、特許請求の範囲若しくは実用新案登録請求の範囲又は図面（先の出願が外国語書面出願である場合にあつては、外国語書面）に記載された発明に基づいて優先権を主張することができる。ただし、先の出願について仮専用実施権を有する者があるときは、その特許出願の際に、その承諾を得ている場合に限る。

一　その特許出願が先の出願の日から一年以内にされたものでない場合（その特許出願が故意に先の出願の日から一年以内にされなかつたものでないと認められる場合であつて、かつ、その特許出願が経済産業省令で定める期間内に経済産業省令で定めるところによりされたものである場合を除く。）

二～五　（略）

2～4　（略）

　自らの特許出願又は実用新案登録出願（先の出願）に記載された発明に基づく優先権の主張をするためには、先の出願の日から1年（優先期間）内に特許出願（後の出願）をしなければならない（特許法第41条第1項第1号括弧書以外の部分）。

　同号括弧書は、後の出願が優先期間の経過後になされた場合であっても、一定の要件の下に優先権の主張を認めるものである。

　本改正は、その要件として、「（優先期間内に後の出願をすることができなかつたことについて）正当な理由がある」こととしていた点を改正し、期間の徒過が故意によるものであった場合を除き、優先権の主張を認めることとした。

◆実用新案法第８条第１項

（実用新案登録出願等に基づく優先権主張）

第八条　実用新案登録を受けようとする者は、次に掲げる場合を除き、その実用新案登録出願に係る考案について、その者が実用新案登録又は特許を受ける権利を有する実用新案登録出願又は特許出願であつて先にされたもの（以下「先の出願」という。）の願書に最初に添付した明細書、実用新案登録請求の範囲若しくは特許請求の範囲又は図面（先の出願が特許法第三十六条の二第二項の外国語書面出願である場合にあつては、同条第一項の外国語書面）に記載された考案に基づいて優先権を主張することができる。ただし、先の出願について仮専用実施権を有する者があるときは、その実用新案登録出願の際に、その承諾を得ている場合に限る。

一　その実用新案登録出願が先の出願の日から一年以内にされたものでない場合（その実用新案登録出願が故意に先の出願の日から一年以内にされなかつたものでないと認められる場合であつて、かつ、その実用新案登録出願が経済産業省令で定める期間内に経済産業省令で定めるところによりされたものである場合を除く。）

二～五　（略）

２～４　（略）

　第８条第１項は、一定の要件の下、実用新案登録出願等に基づく優先権の主張を認める規定であり、当該要件について、特許法第41条第１項第１号括弧書と同趣旨で改正することとした。

◆特許法第43条の2第1項

> （パリ条約の例による優先権主張）
>
> 第四十三条の二　パリ条約第四条Ｄ(1)の規定により特許出願について優先権を主張しようとしたにもかかわらず、同条Ｃ(1)に規定する優先期間（以下この項において「優先期間」という。）内に優先権の主張を伴う特許出願をすることができなかつた者は、経済産業省令で定める期間内に<u>経済産業省令で定めるところにより</u>その特許出願をしたときは、優先期間の経過後であつても、同条の規定の例により、その特許出願について優先権を主張することができる。<u>ただし、故意に、優先期間内にその特許出願をしなかつたと認められる場合は、この限りでない。</u>
>
> 2　（略）

　パリ条約第4条Ｄ(1)の規定による優先権の主張をするためには、他のパリ条約同盟国における特許出願（先の出願）の日から12か月（優先期間）内に特許出願（後の出願）をしなければならない〈同条Ａ(1)、Ｃ(1)〉。

　第43条の2第1項は、後の出願が優先期間の経過後になされた場合であっても、一定の要件の下、優先権の主張を認めるものであるが、本改正は、その要件について、同法第41条第1項第1号括弧書と同趣旨の改正を行ったものである。

　なお、この規定は、先の出願が特許法第43条の3第1項及び第2項に規定する類型に該当する場合における優先権の主張（以下「パリ条約の例による優先権主張」という。）にも準用される（同条第3項）。

◆実用新案法第11条第1項

（特許法の準用）

第十一条　特許法第三十条（発明の新規性の喪失の例外）、第三十八
　　条（共同出願）、第四十三条から第四十四条まで（パリ条約による
　　優先権主張の手続等及び特許出願の分割）の規定は、実用新案登録
　　出願に準用する。

２・３　（略）

　実用新案法第11条第1項の規定により、特許法第43条の2第1項（同法
第43条の3第3項において準用する場合を含む）の規定は、実用新案登録
出願についてのパリ条約による優先権主張及びパリ条約の例による優先権
主張にも準用される。

◆意匠法第15条第1項

（特許法の準用）

第十五条　特許法第三十八条（共同出願）及び第四十三条から第
　　四十三条の三まで（パリ条約による優先権主張の手続及びパリ条約
　　の例による優先権主張）の規定は、意匠登録出願に準用する。この
　　場合において、同法第四十三条第一項中「経済産業省令で定める期
　　間内」とあるのは「意匠登録出願と同時」と、同条第二項中「次の
　　各号に掲げる日のうち最先の日から一年四月」とあるのは「意匠登
　　録出願の日から三月」と読み替えるものとする。

２・３　（略）

　意匠法第15条第1項の規定により、特許法第43条の2第1項（同法第43
条の3第3項において準用する場合を含む）の規定は、意匠登録出願につ

いてのパリ条約による優先権主張及びパリ条約の例による優先権主張にも準用される。

(3)　出願審査の請求に係る権利の回復規定

◆特許法第48条の3第5項及び第7項

（出願審査の請求）

第四十八条の三　　（略）

2〜4　　（略）

5　前項の規定により取り下げられたものとみなされた特許出願の出願人は、経済産業省令で定める期間内に限り、経済産業省令で定めるところにより、出願審査の請求をすることができる。ただし、故意に、第一項に規定する期間内にその特許出願について出願審査の請求をしなかつたと認められる場合は、この限りでない。

6　　（略）

7　前三項の規定は、第二項に規定する期間内に出願審査の請求がなかつた場合に準用する。

8　　（略）

特許出願に係る出願審査の請求は、出願の日から3年以内にしなければならず（特許法第48条の3第1項）、当該期間内に請求しなかった場合、当該特許出願は取り下げられたものとみなされる（同条第4項）。

第5項は、同条第4項によって出願が取り下げられたとみなされた後も、一定の要件の下、出願審査の請求を認めるものである。本改正は、その要件として、「（期間内に出願審査の請求をすることができなかつたことについて）正当な理由があること」としていた点を改正し、期間の徒過が故意によるものであった場合を除き、出願審査の請求を認めることとした。なお、手続を認める期間及び具体的な申請の手続については、それぞれ経済

産業省令で定める。

　また、同条第７項の規定により、同条第５項の規定は特許出願の分割、出願の変更又は実用新案登録に基づく特許出願についての出願審査の請求にも準用される。

(4)　特許料等の追納に係る権利の回復規定
◆特許法第112条の２第１項

（特許料の追納による特許権の回復）

第百十二条の二　前条第四項若しくは第五項の規定により消滅したものとみなされた特許権又は同条第六項の規定により初めから存在しなかつたものとみなされた特許権の原特許権者は、経済産業省令で定める期間内に限り、<u>経済産業省令で定めるところにより、同条第四項から第六項までに規定する特許料及び割増特許料を追納することができる。ただし、故意に、同条第一項の規定により特許料を追納することができる期間内にその特許料及び割増特許料を納付しなかつたと認められる場合は、この限りでない。</u>

２　（略）

　第４年以後の各年分の特許料は前年以前（納付期間）に納付しなければならないが（特許法第108条第２項）、納付期間経過後６月（追納期間）内であれば、特許料と同額の割増特許料とを合わせて追納することができる（同法第112条第１項、第２項）。追納期間を経過すると、特許権は当初の納付期間が経過する時に遡って消滅したものとみなされる（同条第４項）。

　第112条の２第１項は、追納期間の経過後も、一定の要件の下、追納を認めるものである。本改正は、その要件として、「（期間内に追納することができなかつたことについて）正当な理由がある」こととしていた点を改正し、期間の徒過が故意によるものであった場合を除き、追納を認めるこ

ととした。なお、手続を認める期間及び具体的な申請の手続については、それぞれ経済産業省令で定める。

◆実用新案法第33条の２第１項

（登録料の追納による実用新案権の回復）

第三十三条の二　前条第四項の規定により消滅したものとみなされた実用新案権又は同条第五項の規定により初めから存在しなかつたものとみなされた実用新案権の原実用新案権者は、同条第四項又は第五項に規定する登録料及び割増登録料を納付することが<u>できるようになつた日から二月以内で同条第一項の規定により登録料を追納することができる期間の経過後一年以内に限り、経済産業省令で定めるところにより、その登録料及び割増登録料を追納することができる。ただし、故意に、同項の規定により登録料を追納することができる期間内にその登録料及び割増登録料を納付しなかつたと認められる場合は、この限りでない。</u>

２　（略）

実用新案法第33条の２第１項は、一定の要件の下、実用新案権の登録料及び割増登録料の追納を認める規定であり、当該要件について、特許法第112条の２第１項と同趣旨で改正することとした。

◆意匠法第44条の２第１項

（登録料の追納による意匠権の回復）

第四十四条の二　前条第四項の規定により消滅したものとみなされた意匠権の原意匠権者は、<u>同項に規定する登録料及び割増登録料を納付することができるようになつた日から二月以内で同条第一項の規</u>

> 定により登録料を追納することができる期間の経過後一年以内に限り、経済産業省令で定めるところにより、その登録料及び割増登録料を追納することができる。ただし、故意に、同項の規定により登録料を追納することができる期間内にその登録料及び割増登録料を納付しなかつたと認められる場合は、この限りでない。
>
> 2　（略）

　意匠法第44条の2第1項は、一定の要件の下、意匠権の登録料及び割増登録料の追納を認める規定であり、当該要件について、特許法第112条の2第1項と同趣旨で改正することとした。

◆商標法第21条第1項

> （商標権の回復）
> 第二十一条　前条第四項の規定により消滅したものとみなされた商標権の原商標権者は、経済産業省令で定める期間内に限り、経済産業省令で定めるところにより、その申請をすることができる。ただし、故意に、同条第三項の規定により更新登録の申請をすることができる期間内にその申請をしなかつたと認められる場合は、この限りでない。
>
> 2　（略）

　商標権の存続期間は、設定登録の日から10年をもって終了する（商標法第19条第1項）。商標権者は、存続期間の満了前6月から満了日までの間に登録料の納付とともに更新登録の申請をすることができるが（同法第20条第2項、第40条第2項、第41条第5項）、申請期間経過後6月（追納期間）内であれば、登録料と同額の割増登録料の納付とともに更新登録申請をすることができる（同法第20条第3項、第43条第1項）。追納期間を経過す

ると、商標権は存続期間の満了時にさかのぼって消滅したものとみなされる（同法第20条第 4 項）。

　同法第21条第 1 項は、第20条第 4 項に基づき商標権が消滅したとみなされた後も、一定の要件の下、更新登録の申請を認めるものである。本改正は、その要件について、特許法第112条の 2 第 1 項と同趣旨の改正を行ったものである。

◆商標法第41条の 3 第 1 項及び第 3 項

（後期分割登録料等の追納による商標権の回復）

第四十一条の三　前条第六項の規定により消滅したものとみなされた商標権の原商標権者は、経済産業省令で定める期間内に限り、<u>経済産業省令で定めるところにより、後期分割登録料及び第四十三条第三項の割増登録料を追納することができる。ただし、故意に、前条第五項の規定により後期分割登録料を追納することができる期間内にその後期分割登録料及び割増登録料を納付しなかつたと認められる場合は、この限りでない。</u>

2　（略）

3　前二項の規定は、前条第七項の規定により商標権の存続期間の満了前五年までに納付すべき登録料及び第四十三条第三項の割増登録料を追納する場合に準用する。

　商標権の設定の登録を受ける者は、登録料を前半と後半に分割して納付することができる。分割納付する場合、後半分の登録料（後期分割登録料）は商標権の存続期間の満了前 5 年までに納付しなければならないが（商標法第41条の 2 第 1 項）、納付期間経過後 6 月（追納期間）内であれば、同額の割増登録料と合わせて追納をすることができる（同条第 5 項、第43条第 3 項）。追納期間を経過すると、商標権は存続期間の満了前 5 年の日を

もって消滅したものとみなされる（同法第41条の2第6項）。

　同法第41条の3第1項は、第41条の2第6項によって商標権が消滅したとみなされた後も、一定の要件の下、後期分割登録料及び割増登録料の納付を認めるものである。本改正は、その要件について、特許法第112条の2第1項と同趣旨の改正を行ったものである。

　なお、同法第41条の3第3項の規定により、同条第1項の規定は、商標権の存続期間の更新登録の申請に際して登録料を分割納付した場合（同法第41条の2第7項）にも準用される。

(5)　在外者による特許管理人の届出の特例に係る権利の回復規定
◆特許法第184条の11第6項

> （在外者の特許管理人の特例）
> 第百八十四条の十一　　（略）
> 2〜5　（略）
> 6　前項の規定により取り下げたものとみなされた国際特許出願の出願人は、経済産業省令で定める期間内に限り、<u>経済産業省令で定めるところにより</u>、特許管理人を選任して特許庁長官に届け出ることができる。<u>ただし、故意に、第四項に規定する期間内に特許管理人の選任の届出をしなかつたと認められる場合は、この限りでない。</u>
> 7・8　（略）

　PCTに基づく国際特許出願について、在外者である出願人は、国内処理基準時の属する日後、経済産業省令で定める期間（3月）内に、特許管理人を選任して特許庁長官に届け出なければならず（特許法第184条の11第2項）、期間内に届出がない場合、特許庁長官はその旨を出願人に通知しなければならない（同条第3項）。出願人は、当該通知から経済産業省令で定める期間（2月）内に届出をすることができるが（同条第4項）、

当該期間内に届出がなかった場合、その国際特許出願は取り下げられたものとみなされる（同条第 5 項）。

　同条第 6 項は、同条第 5 項によって国際特許出願が取り下げられたとみなされた後も、一定の要件の下、特許管理人の選任の届出を認めるものである。本改正は、その要件として、「（期間内に選任の届出をすることができなかったことについて）正当な理由がある」こととしていた点を改正し、期間の徒過が故意によるものであった場合を除き、届出を認めることとした。なお、手続を認める期間及び具体的な申請の手続については、それぞれ経済産業省令で定める。

◆実用新案法第48条の15第 2 項

（特許法の準用）

第四十八条の十五　（略）

2　特許法第百八十四条の十一（在外者の特許管理人の特例）の規定は、国際実用新案登録出願に関する手続に準用する。

3　（略）

　実用新案法第48条の15第 2 項の規定により、特許法第184条の11第 6 項は、PCTに基づく国際実用新案登録出願について、在外者である出願人による実用新案管理人の選任の届出にも準用される。

(6)　防護標章登録に基づく権利の存続期間の更新登録に係る権利の回復規定

◆商標法第65条の 3 第 3 項

（防護標章登録に基づく権利の存続期間の更新登録）

第六十五条の三　（略）

　防護標章登録に基づく権利の存続期間は、設定登録の日から10年をもっ
て終了するが（商標法第65条の2第1項）、当該存続期間は、その満了前
6月から満了日までの間に更新登録の出願をすることにより、更新する
ことができる（当該防護標章が登録要件を満たさなくなった場合を除く。第
65条の2第2項、第65条の3第2項）。

　第65条の3第3項は、同条第2項に定める期間の経過後も、一定の要件
の下、更新登録の出願を認めるものである。本改正は、その要件として、「（期
間内に出願をすることができなかつたことについて）正当な理由がある」
こととしていた点を改正し、期間の徒過が故意によるものであった場合を
除き、出願を認めることとした。なお、手続を認める期間及び具体的な申
請の手続については、それぞれ経済産業省令で定める。

(7) 書換登録の申請に係る権利の回復規定
◆商標法　附則第3条第3項

> 2　（略）
> 3　書換登録の申請をすべき者は、前項に規定する期間内にその申請
> ができなかつたときは、同項の規定にかかわらず、経済産業省令で
> 定める期間内に、<u>経済産業省令で定めるところにより、</u>その申請を
> することができる。<u>ただし、故意に、同項に規定する期間内にその</u>
> <u>申請をしなかつたと認められる場合は、この限りでない。</u>

　平成4年3月31日までにされた商標登録出願に係る商標権を有する商標
権者は、その商標権の指定商品を現行の商品区分に書き換えるための申請
（書換登録の申請）をしなければならない（商標法附則第2条第1項）。書
換登録の申請は、「受付開始日から起算して6月に達する日以降、最初に
到来する商標権の満了日の前6月から満了日後1年の間」にすべきことと
されている（同法附則第3条第2項）。

　同法附則第3条第3項は、この期間の経過後も、一定の要件の下、書換
登録の申請を認めるものである。本改正は、その要件として、「（期間内に
書換登録の申請をすることができなかつたことについて）正当な理由があ
る」こととしていた点を改正し、期間の徒過が故意によるものであった場
合を除き、申請を認めることとした。なお、手続を認める期間及び具体的
な申請の手続については、それぞれ経済産業省令で定める。

(8) 回復手数料の徴収に係る規定

◆特許法　別表

別表（第百九十五条関係）

	納付しなければならない者	金　　　額
一〜十　（略）		
十一	第三十六条の二第六項、第四十一条第一項第一号括弧書、第四十三条の二第一項（第四十三条の三第三項において準用する場合を含む。）、第四十八条の三第五項（同条第七項において準用する場合を含む。）、第百十二条の二第一項、第百八十四条の四第四項又は第百八十四条の十一第六項の規定により手続をする者（その責めに帰することができない理由によりこれらの規定による手続をすることとなつた者を除く。）	一件につき二十九万七千円
十二〜二十　（略）		

　本章「２．改正の概要(2)及び(3)」で述べたとおり、権利等の回復制度を見直すに当たり、当該制度の濫用を防ぐとともに、手続期間の遵守を促進する観点から、回復手数料を徴収することとした。また、その金額の水準は、消滅した権利を出願して再取得すると擬制した場合に特許庁に納付すべき金額（出願から権利化までに要する平均的な手数料の額）に相当するものとした。さらに、災害や感染症等によって、手続期間徒過が出願人等の責めに帰することができない場合に、回復手数料を免除することとした。

◆実用新案法　別表

別表（第五十四条関係）		
	納付しなければならない者	金　　額
一～六　（略）		
七	第八条第一項第一号括弧書、第十一条第一項において準用する特許法第四十三条の二第一項（第十一条第一項において準用する同法第四十三条の三第三項において準用する場合を含む。）、第三十三条の二第一項、第四十八条の四第四項又は第四十八条の十五第二項において準用する同法第百八十四条の十一第六項の規定により手続をする者（その責めに帰することができない理由によりこれらの規定による手続をすることとなつた者を除く。）	一件につき五万円
八～十二　（略）		

前述した特許法の解説と同様である。

◆意匠法　別表

別表（第六十七条関係）

	納付しなければならない者	金　　　額
一・二	（略）	
三	第十五条第一項において準用する特許法第四十三条の二第一項（第十五条第一項において準用する同法第四十三条の三第三項において準用する場合を含む。）の規定又は第四十四条の二第一項の規定により手続をする者（その責めに帰することができない理由によりこれらの規定による手続をすることとなつた者を除く。）	一件につき二万五千円
四～十	（略）	

前述した特許法の解説と同様である。

◆商標法　別表

別表（第七十六条関係）

	納付しなければならない者	金　　　額
一～四	（略）	
五	第二十一条第一項、第四十一条の三第一項、第六十五条の三第三項又は附則第三条第三項の規定により手続をする者（その責めに帰することができない理由によりこれらの規定による手続をすることとなつた者を除く。）	一件につき十万二千円
六～十	（略）	

前述した特許法の解説と同様である。

4. 施行期日及び経過措置

(1) 施行期日

改正法の公布の日から起算して2年を超えない範囲内において政令で定める日から施行することとした（改正法附則第1条第5号）。

(2) 経過措置

◆改正法附則第2条第1項〜第4項及び第8項及び第10項〜第11項

（特許法の一部改正に伴う経過措置）

第二条　第一条の規定（前条第五号に掲げる改正規定に限る。）による改正後の特許法（以下「第五号改正後特許法」という。）第三十六条の二第六項の規定は、同号に掲げる規定の施行の日（以下「第五号施行日」という。）以後に特許法第三十六条の二第五項の規定により取り下げられたものとみなされる特許出願について適用し、第五号施行日前に同項の規定により取り下げられたものとみなされた特許出願については、なお従前の例による。

2　第五号改正後特許法第四十一条第一項（第一号括弧書に係る部分に限る。）の規定は、同項に規定する先の出願の日から一年を経過した日が第五号施行日以後である場合について適用し、その経過した日が第五号施行日前である場合については、なお従前の例による。

3　第五号改正後特許法第四十三条の二第一項（第五号改正後特許法第四十三条の三第三項において準用する場合を含む。）の規定は、パリ条約（特許法第三十六条の二第二項に規定するパリ条約をいう。次条第二項及び附則第四条第二項において同じ。）第四条C(1)に規定する優先期間を経過した日が第五号施行日以後である場合について適用し、その経過した日が第五号施行日前である場合については、なお従前の例による。

4　第五号改正後特許法第四十八条の三第五項（同条第七項において

準用する場合を含む。）の規定は、第五号施行日以後に特許法第四十八条の三第四項（同条第七項において準用する場合を含む。）の規定により取り下げられたものとみなされる特許出願について適用し、第五号施行日前に同条第四項（同条第七項において準用する場合を含む。）の規定により取り下げられたものとみなされた特許出願については、なお従前の例による。

5～7 （略）

8　第五号改正後特許法第百十二条の二第一項の規定は、第五号施行日以後に第三号改正後特許法第百十二条第四項から第六項までの規定により消滅したもの又は初めから存在しなかったものとみなされる特許権について適用し、第五号施行日前に第一条の規定（前条第三号に掲げる改正規定に限る。）による改正前の特許法第百十二条第四項から第六項まで又は第三号改正後特許法第百十二条第四項から第六項までの規定により消滅したもの又は初めから存在しなかったものとみなされた特許権については、なお従前の例による。

9　（略）

10　第五号改正後特許法第百八十四条の四第四項の規定は、第五号施行日以後に特許法第百八十四条の四第三項の規定により取り下げられたものとみなされる国際特許出願について適用し、第五号施行日前に同項の規定により取り下げられたものとみなされた国際特許出願については、なお従前の例による。

11　第五号改正後特許法第百八十四条の十一第六項の規定は、第五号施行日以後に特許法第百八十四条の十一第五項の規定により取り下げられたものとみなされる国際特許出願について適用し、第五号施行日前に同項の規定により取り下げられたものとみなされた国際特許出願については、なお従前の例による。

　改正法の施行日前に期間徒過した手続については、改正法を適用せず、現行法の下での権利等の回復を認めることとした。

◆改正法附則第３条第１項～第２項及び第６項～第８項

（実用新案法の一部改正に伴う経過措置）

第三条　第二条の規定（附則第一条第五号に掲げる改正規定に限る。）による改正後の実用新案法（以下この条において「第五号改正後実用新案法」という。）第八条第一項（第一号括弧書に係る部分に限る。）の規定は、同項に規定する先の出願の日から一年を経過した日が第五号施行日以後である場合について適用し、その経過した日が第五号施行日前である場合については、なお従前の例による。

2　第五号改正後実用新案法第十一条第一項において準用する第五号改正後特許法第四十三条の二第一項（第五号改正後実用新案法第十一条第一項において準用する第五号改正後特許法第四十三条の三第三項において準用する場合を含む。）の規定は、パリ条約第四条C(1)に規定する優先期間を経過した日が第五号施行日以後である場合について適用し、その経過した日が第五号施行日前である場合については、なお従前の例による。

3～5　（略）

6　第五号改正後実用新案法第三十三条の二第一項の規定は、第五号施行日以後に第三号改正後実用新案法第三十三条第四項又は第五項の規定により消滅したもの又は初めから存在しなかったものとみなされる実用新案権について適用し、第五号施行日前に第二条の規定（附則第一条第三号に掲げる改正規定に限る。）による改正前の実用新案法第三十三条第四項若しくは第五項又は第三号改正後実用新案法第三十三条第四項若しくは第五項の規定により消滅したもの又は初めから存在しなかったものとみなされた実用新案権については、

なお従前の例による。

7　第五号改正後実用新案法第四十八条の四第四項の規定は、第五号施行日以後に実用新案法第四十八条の四第三項の規定により取り下げられたものとみなされる国際実用新案登録出願について適用し、第五号施行日前に同項の規定により取り下げられたものとみなされた国際実用新案登録出願については、なお従前の例による。

8　第五号改正後実用新案法第四十八条の十五第二項において準用する第五号改正後特許法第百八十四条の十一第六項の規定は、第五号施行日以後に実用新案法第四十八条の十五第二項において準用する特許法第百八十四条の十一第五項の規定により取り下げられたものとみなされる国際実用新案登録出願について適用し、第五号施行日前に実用新案法第四十八条の十五第二項において準用する特許法第百八十四条の十一第五項の規定により取り下げられたものとみなされた国際実用新案登録出願については、なお従前の例による。

前述した特許法の解説と同様である。

◆改正法附則第４条第２項及び第５項

（意匠法の一部改正に伴う経過措置）

第四条　（略）

2　第三条の規定（附則第一条第五号に掲げる改正規定に限る。）による改正後の意匠法（以下この条において「第五号改正後意匠法」という。）第十五条第一項において準用する第五号改正後特許法第四十三条の二第一項（第五号改正後意匠法第十五条第一項において準用する第五号改正後特許法第四十三条の三第三項において準用する場合を含む。）の規定は、パリ条約第四条Ｃ(1)に規定する優先期間を経過した日が第五号施行日以後である場合について適用し、そ

の経過した日が第五号施行日前である場合については、なお従前の例による。

3・4　（略）

5　第五号改正後意匠法第四十四条の二第一項の規定は、第五号施行日以後に第三号改正後意匠法第四十四条第四項の規定により消滅したものとみなされる意匠権について適用し、第五号施行日前に第三条の規定（附則第一条第三号に掲げる改正規定に限る。）による改正前の意匠法第四十四条第四項又は第三号改正後意匠法第四十四条第四項の規定により消滅したものとみなされた意匠権については、なお従前の例による。

6　（略）

前述した特許法の解説と同様である。

◆改正法附則第５条第２項～第３項及び第６項及び第11項

（商標法の一部改正に伴う経過措置）

第五条　（略）

2　第五条の規定による改正後の商標法（以下この条において「第五号改正後商標法」という。）第二十一条第一項の規定は、第五号施行日以後に商標法第二十条第四項の規定により消滅したものとみなされる商標権について適用し、第五号施行日前に同項の規定により消滅したものとみなされた商標権については、なお従前の例による。

3　第五号改正後商標法第四十一条の三第一項の規定は、第五号施行日以後に第四条の規定（附則第一条第三号に掲げる改正規定に限る。以下この項において同じ。）による改正後の商標法（以下この条において「第三号改正後商標法」という。）第四十一条の二第六項の規定により消滅したものとみなされる商標権について適用し、第五

号施行日前に第四条の規定による改正前の商標法第四十一条の二第
六項又は第三号改正後商標法第四十一条の二第六項の規定により消
滅したものとみなされた商標権については、なお従前の例による。

4・5　（略）

6　第五号改正後商標法第六十五条の三第三項の規定は、第五号施行
日以後に商標法第六十五条の三第二項に規定する出願の期間を経過
する更新登録の出願について適用し、第五号施行日前に同項に規定
する出願の期間を経過した更新登録の出願については、なお従前の
例による。

7〜10　（略）

11　第五号改正後商標法附則第三条第三項の規定は、第五号施行日
以後に商標法附則第三条第二項に規定する申請の期間を経過する
書換登録の申請について適用し、第五号施行日前に同項に規定す
る申請の期間を経過した書換登録の申請については、なお従前の
例による。

前述した特許法の解説と同様である。

第2章 特許権等侵害訴訟等における第三者意見募集制度の導入

Ⅰ．特許権等侵害訴訟等における第三者意見募集制度の導入

1．改正の必要性

(1) 従来の状況

　特許権又は専用実施権の侵害に係る訴訟（以下「特許権等侵害訴訟」という。）は民事訴訟であるため、特許法において特別の定めがない限り、民事訴訟法の規定が適用される。特許権等侵害訴訟の確定判決の効力については、民事訴訟法の規定が適用され、当事者等にのみ及ぶ（民事訴訟法第115条第1項）。また、民事訴訟では、裁判所の判断の基礎となる証拠の収集及び提出は当事者の責任であり権限とするのが原則である。

　ところが、近年の特許を巡る情勢の変化に起因して、特許権等侵害訴訟における裁判所の判断が、確定判決の効力の及ぶ当事者等以外の第三者に対しても事実上の大きな影響を及ぼす問題領域が出てきている。そのような場面では、裁判所が影響を受ける第三者の事業実態等も踏まえて判断することが望ましい場合があり、当事者が上記民事訴訟の原則に従って証拠を収集する際、第三者の事業実態等も証拠として収集し、裁判所に提出することが期待される。

　例えば、近年、目覚ましい発展を見せるIoT関連技術は、情報通信業界、自動車業界、家電業界、ロボット業界等の多くの利害関係者が複雑に入り組む技術分野である。この技術分野では通信規格等の標準化が行われ、標準規格には特許発明（標準必須特許）が含まれることがあり、特許紛争を防止しつつ特許発明の幅広い活用を促すため、標準必須特許に係るルールが形成されている。このような状況下で、特許権等侵害訴訟において、標

準必須特許に係るルールに関する事項が争点となり、その争点について裁判所が判断を示すと、その判断は当事者のみならずIoT関連技術に関係する多数の業界にも事実上の影響を及ぼす可能性がある。したがって、裁判所が広い視野に立って判断を示すために、IoT関連技術に関係する者の事業実態等を把握することが望ましい。

　しかし、当事者にとって、第三者の事業実態等の証拠を収集することが困難な場合がある。このような場合について、従来、特許法及び民事訴訟法において、広く一般の第三者から意見（情報を含む。）を集める手続は制度として存在しなかった。そのような中で、知的財産高等裁判所において、第三者からの意見募集が行われた（知財高判平成26年５月16日判例時報2224号146頁〈平成25年（ネ）第10043号〉）。同事件の争点は、FRAND宣言[1]がされた特許権についてライセンス契約が締結できなかった場合に、損害賠償請求権を行使することが認められるか否か等であった。当該争点は、日本のみならず国際的な観点から捉えるべき重要な論点であり、かつ、当該裁判所における法的判断が、技術開発や技術の活用の在り方、企業活動、社会生活等に与える影響が大きいことから、両当事者の訴訟上の合意に基づき、意見募集が実施された。意見募集の結果として、同事件では、国内外から合計58通の意見書が提出され、判決において「これらの意見は、裁判所が広い視野に立って適正な判断を示すための貴重かつ有益な資料であり、意見を提出するために多大な労を執った各位に対し、深甚なる敬意を表する次第である。」と意見募集に肯定的な評価が示された。

(2)　改正の必要性

　上記のとおり、近年の特許を巡る情勢の変化に起因して、特許権等侵害訴訟における裁判所の判断が当該訴訟の当事者等以外の第三者に対して事

1　標準規格に必須となる特許について「公正、合理的かつ非差別的な（FRAND）」条件で実施許諾を行うとの宣言。

実上の大きな影響を及ぼす場面が増える可能性があり、それに伴って、意見募集を行うことが望ましい事件が増加することが考えられる。しかし、意見募集の実施に際して全ての当事者の合意を得ることは困難な場合があるため、必ずしも全ての当事者が合意をしている場合でなくとも広く一般の第三者からの意見募集を行うことができる制度を創設する必要があった。

２．改正の概要

特許法第105条の２の11を新設し、当事者による証拠収集手続として、特許権等侵害訴訟において、裁判所が、広く一般の第三者に対し、当該事件に関する特許法の適用その他の必要な事項について、意見を記載した書面（以下「意見書」という。）の提出を求めることができる制度（第三者意見募集制度）を創設した。

３．改正条文の解説

◆特許法第105条の２の11第１項～第４項（新設）

> （第三者の意見）
> 第百五条の二の十一　民事訴訟法第六条第一項各号に定める裁判所は、特許権又は専用実施権の侵害に係る訴訟の第一審において、当事者の申立てにより、必要があると認めるときは、他の当事者の意見を聴いて、広く一般に対し、当該事件に関するこの法律の適用その他の必要な事項について、相当の期間を定めて、意見を記載した書面の提出を求めることができる。
> ２　民事訴訟法第六条第一項各号に定める裁判所が第一審としてした特許権又は専用実施権の侵害に係る訴訟についての終局判決に対す

る控訴が提起された東京高等裁判所は、当該控訴に係る訴訟におい
て、当事者の申立てにより、必要があると認めるときは、他の当事
者の意見を聴いて、広く一般に対し、当該事件に関するこの法律の
適用その他の必要な事項について、相当の期間を定めて、意見を記
載した書面の提出を求めることができる。

3　当事者は、裁判所書記官に対し、前二項の規定により提出された
書面の閲覧若しくは謄写又はその正本、謄本若しくは抄本の交付を
請求することができる。

4　民事訴訟法第九十一条第五項の規定は、第一項及び第二項の規定
により提出された書面の閲覧及び謄写について準用する。

(1)　意見募集の主体となる裁判所（第1項及び第2項）

　意見募集を行うための要件は第1項及び第2項に規定した。第1項は東
京地方裁判所及び大阪地方裁判所が第一審となる場合について、第2項は
東京地方裁判所及び大阪地方裁判所が第一審としてした終局判決について
東京高等裁判所が控訴審となる場合について規定しており、意見募集の主
体となるのはこれらの場合の裁判所のみである。

(2)　当事者の申立て（第1項及び第2項）

　第三者意見募集制度を当事者による証拠収集手続の一つとして位置づけ
たため、裁判所が意見募集を行うには、「当事者の申立て」が必要である。

(3)　必要があると認めるとき（第1項及び第2項）

　意見募集を行うか否かの判断については、裁判所が、当事者の意見を聴
いた上で、当事者による証拠収集の困難性、判決の第三者に対する影響の
程度など、様々な事情を総合的に考慮して、その必要性を判断することに
なる。

　証拠収集の困難性に関し、例えば、当事者が属する業界外の業界における事業実態に関する証拠は、当事者にとって相当程度収集が困難であると考えられるが、単に証拠収集の労力や費用を節約するために意見募集を行うことは想定されておらず、特許の有効性の判断に必要な先行技術文献の収集などは、通常、当事者自身による収集が困難ではないと考えられるため、意見募集を実施する必要性に乏しい。このような場合には、民事訴訟の原則に従い、まずは当事者及びその訴訟代理人自身が可能な限りの証拠収集を尽くさなければならない。

　また、判決の第三者への影響に関し、例えば、標準必須特許のような特許に関する民間の取決め・商慣行等に関係する侵害事案や、AI・IoT 分野の先端技術のような様々な業界の製品に広く用いられる技術に関係する侵害事案等であって、特許法の解釈又は適用について定説のない事項に関する判決は、第三者に影響を与えるものと考えられる。

(4)　他の当事者の意見聴取（第 1 項及び第 2 項）

　裁判所は、意見募集を行うと判断するに当たっては、「他の当事者」の意見を聴かなければならない。この手続を規定したのは、意見募集を行うに適した事案であるか否かについて、「他の当事者」が意見を述べる機会を保障するためである。「他の当事者」は、第三者に与える影響の大きさ、証拠収集の困難性等の事情を踏まえ、意見を述べることが想定される。裁判所は、全ての当事者の意見を踏まえ、意見募集を行うか否かについて判断する。

　なお、「他の当事者」とは、意見募集を行うことの申立てを行った当事者以外の全ての当事者をいう。すなわち、例えば、原告が一当事者、被告が二当事者の訴訟において、被告の一方が申立てを行った場合には、原告のみならずもう一方の被告も「他の当事者」である。したがって、このような場合には、裁判所は、原告のみならずもう一方の被告の意見も聴かなければならない。

(5) 意見募集の対象者（第1項及び第2項）

　裁判所は、「広く一般」の第三者に対して意見書の提出を求めることができる。裁判所は、特定の第三者を指定して意見書の提出を求めるのではない。意見書を提出できる者に限定はなく、法人及び個人のみならず、法人でない社団若しくは財団又は日本国内に住所若しくは居所を有しない外国人も可能である。

(6) 意見募集を行う事項（第1項及び第2項）

　裁判所は、「当該事件に関するこの法律の適用その他の必要な事項」についての意見を求めることができる。特許法の適用に関する事項はもちろんのこと、他の法律の適用に関する事項や商慣行等の事実に関する事項についても意見を求めることができる。なお、本条でいう「意見」には字義どおりの「意見」のみならず単なる情報も含まれる。

(7) 提出された意見書の閲覧、謄写等の請求（第3項）

　当事者は、第三者が裁判所に提出した意見書の閲覧、謄写等を請求することができる。他方、第三者から提出される意見書は、当事者が書証として提出しない限り、訴訟記録に含まれないため、当事者以外の者は閲覧、謄写等を請求することができない。

(8) 意見書の閲覧、謄写等の請求の制限（第4項）

　意見書の閲覧、謄写等の請求は、意見書の保存又は裁判所の執務に支障があるときは、することができない（民事訴訟法第91条第5項準用）。

(9) 第三者意見募集制度の手続に関する留意事項

① 意見書の取扱い

　第三者が裁判所に提出した意見書は訴訟記録を構成しないと解される

（したがって、民事訴訟法第91条の規定とは別に、本条第3項及び第4項の規定が設けられた。）。各当事者は、提出された意見書を閲覧、謄写等した上で、各自が裁判所の判断の基礎とすることを望むものについては、裁判所に書証として提出する必要がある。

　なお、第三者が意見書を裁判所に送付する費用は、民事訴訟費用等に関する法律の定める民事訴訟等の費用には該当しない。

② 　意見募集の告知方法

　意見募集の告知方法について、特段の規定はないが、裁判所のウェブサイトにおいて告知することが想定される。

③ 　意見提出のための働きかけ

　意見募集が行われた場合において、当事者又はその訴訟代理人が第三者に対して意見書を提出するよう働きかけを行うことは、意見書作成費等の対価の供与も含め、禁止されるものではない。

【関連する改正事項】
◆特許法第65条第6項

（出願公開の効果等）

第六十五条　　（略）

2〜5　　（略）

6　第百一条、第百四条から第百四条の三まで、<u>第百五条から第百五条の二の十二まで</u>、第百五条の四から第百五条の七まで及び第百六十八条第三項から第六項まで並びに民法（明治二十九年法律第八十九号）第七百十九条及び第七百二十四条（不法行為）の規定は、第一項の規定による請求権を行使する場合に準用する。この場合において、当該請求権を有する者が特許権の設定の登録前に当該特許

出願に係る発明の実施の事実及びその実施をした者を知つたとき
は、同条第一号中「被害者又はその法定代理人が損害及び加害者を
知った時」とあるのは、「特許権の設定の登録の日」と読み替える
ものとする。

　補償金請求権（第65条第1項又は第184条の10第1項の規定による請求
権）は、特許出願が公開された結果、自己の発明を第三者に実施されたこ
とによる出願人の損失を填補するために認められるものである。
　補償金は、「その発明が特許発明である場合にその実施に対し受けるべ
き金銭の額に相当する額」（第65条第1項）とされており、これを請求す
る補償金請求訴訟において、特許権等侵害訴訟と共通する問題状況が生じ
る場合も多い。したがって、上記の「1．改正の必要性」で述べた第三者
意見募集制度の趣旨は補償金請求訴訟においても妥当するから、第65条第
6項において第105条の2の11も準用することとした。

◆特許法第105条の2の12（旧第105条の2の11）

（損害計算のための鑑定）
第百五条の二の十二　（略）

　特許法第105条の2の11を新設して第三者意見募集制度を創設したこと
に伴い、現行の第105条の2の11（損害計算のための鑑定）の条番号を修
正し、第105条の2の12とした。

4．他法の関連改正

◆実用新案法第30条

（特許法の準用）

第三十条　特許法第百四条の二から第百五条まで（具体的態様の明示義務、特許権者等の権利行使の制限、主張の制限及び書類の提出等）及び第百五条の二の十一から第百六条まで（第三者の意見、損害計算のための鑑定、相当な損害額の認定、秘密保持命令、秘密保持命令の取消し、訴訟記録の閲覧等の請求の通知等、当事者尋問等の公開停止及び信用回復の措置）の規定は、実用新案権又は専用実施権の侵害に準用する。この場合において、同法第百四条の四中「次に掲げる決定又は審決が確定した」とあるのは「第一号に掲げる審決が確定した又は第三号に掲げる訂正があつた」と、「当該決定又は審決が確定した」とあるのは「当該審決が確定した又は訂正があつた」と、同条第三号中「訂正をすべき旨の決定又は審決」とあるのは「実用新案法第十四条の二第一項又は第七項の訂正」と読み替えるものとする。

　本章「1．改正の必要性」で述べた第三者意見募集制度の導入の趣旨は実用新案権又はその専用実施権の侵害に係る訴訟においても妥当するため、実用新案法第30条において特許法第105条の2の11も準用することとした。

５．施行期日及び経過措置

(1)　施行期日

改正法の公布の日から起算して１年を超えない範囲において政令で定める日から施行することとした（改正法附則第１条本文）。

(2)　経過措置

経過措置は定めていない。なお、施行期日において既に係属中の事件についても、第三者意見募集を申し立てることができる。

Ⅱ．第三者意見募集制度における相談業務の弁理士業務への追加

１．改正の必要性

(1)　従来の制度

弁理士法第４条から第６条の２は、知的財産に関する業務を行う国家資格者である弁理士が、その資格を根拠として行う業務を規定している。

これらの規定に基づき、弁理士は、出願人に代わり特許申請を行う際の手続や、特許に関する契約の代理業務などの業務を行っており、当該業務を通じて、特許法等の専門的知識に加えて企業等の事業活動や商慣行の知見を有している。

弁理士がそれらの業務を行う際には、信用失墜行為の禁止（弁理士法第29条）や守秘義務（同法第30条）等の弁理士法上の義務が課されることとなり、これに違反した弁理士は懲戒処分の対象となる（同法第32条）。

(2)　改正の必要性

　本章「Ⅰ．特許権等侵害訴訟等における第三者意見募集制度の導入」で述べたとおり、特許法及び実用新案法において、新たに第三者意見募集制度を導入するに当たり、当該制度に基づき意見募集がなされた場合、裁判所が求める事項に対して、第三者である法人・個人等は、特許法及び実用新案法に規定される事項について、自身の事業活動や商慣行を踏まえて、意見を提出することができる。

　そして、当該第三者が意見を提出するに当たり、弁理士に意見の内容等を相談し、弁理士が有する、特許法及び実用新案法の専門的知識や企業等の事業活動・商慣行についての知見を活用することは、当該第三者の意見を正確に裁判所に伝える上で大いに有益である。

　一方、第三者意見募集制度に基づく意見募集がなされた際に、意見の提出を行おうとする第三者からの相談に応じる業務は、特許法等の法律知識に基づいて見解を述べることになるという点で、弁護士法第72条に基づき弁護士の独占業務とされる「訴訟事件」に関する「鑑定」に該当すると考えられる。そして、現行の弁理士法においては、弁理士が当該相談業務を実施できる旨の定めがないことから、弁理士が当該相談業務を行うことは、弁護士法第72条の規定に違反するおそれがある。

　したがって、第三者意見募集制度の実効性を期するためには、当該相談業務を弁理士の行うことのできる業務として弁理士法上に規定する必要がある。

　加えて、当該相談業務を弁理士法において規定することにより、当該相談業務を扱う際の弁理士の義務が法律上明確化されるため、既に弁理士法上に規定されている他の業務と同様に、信用失墜行為の禁止や守秘義務等の義務が弁理士に課されているという前提の下で、第三者は弁理士に当該相談業務を依頼することができるようになる。

2．改正の概要

　特許権等侵害訴訟等における第三者募集制度に関する相談業務を、弁理士の業務として規定することとした。

3．改正条文の解説

◆弁理士法第４条第２項

（業務）

第四条　（略）

２　弁理士は、前項に規定する業務のほか、他人の求めに応じ、次に掲げる事務を行うことを業とすることができる。

一～三　（略）

<u>四　特許法（昭和三十四年法律第百二十一号）第百五条の二の十一第一項及び第二項（同法第六十五条第六項及び実用新案法（昭和三十四年法律第百二十三号）第三十条において準用する場合を含む。）に規定する意見を記載した書面を提出しようとする者からの当該意見の内容（特許法及び実用新案法の適用に関するものに限る。）に関する相談</u>

３　（略）

　他の士業の独占業務であって、弁理士も行うことができる業務を規定する弁理士法第４条第２項に第４号を新設し、第三者意見募集制度において、意見書を提出しようとする者からの意見の内容に関する相談業務を規定することとした。また、意見の内容には、特許法や実用新案法のみでなく、例えば独占禁止法といった特許権等侵害訴訟等に関係する様々な法律の観点が含まれ得ることから、弁理士が応じることができる相談の範囲を、弁

理士の専門的知識の活用が期待される「特許法及び実用新案法の適用に関するもの」に限定することとした。

4．施行期日及び経過措置

(1)　施行期日

改正法の公布の日から起算して1年を超えない範囲内において政令で定める日（令和4年4月1日）から施行することとした（改正法附則第1条本文）。

(2)　経過措置

経過措置は定めていない。

第3章 口頭審理期日等における当事者等の出頭のオンライン化

1. 改正の必要性

(1) 従来の制度

　特許法において、特許無効審判及び延長登録無効審判の審理の方式は口頭審理によるものとされている（特許法第145条第1項）。また、拒絶査定不服審判及び訂正審判の審理の方式は書面審理によるとされるが、当事者の申立てにより又は職権で、口頭審理によるものとすることができるとされている（同条第2項）。

　審判長は、口頭審理による審判をするときは、その期日及び場所を定め、当事者及び参加人（当事者等）に対し、期日の呼出しを行うこととされており（同条第3項及び第4項）、呼出しを受けた者が正当な理由がないのに出頭しないときは、10万円以下の過料に処することとされている（同法第203条）。

　審判の公正を担保するため、口頭審理は公開して行うこととされており（第145条第5項）、また、口頭審理の手続の適法性を公証するため、期日において審判書記官が調書を作成することとされている（同法第147条）。

　口頭審理は、書面では十分に言い尽くせない当事者等の主張を、審判長の審尋によって引き出すことにより、合議体が争点を正確に把握することに役立ち、また、当事者等の説明を受けることで、技術内容の正確な把握にも役立つものとされる。

(2) 改正の必要性

　口頭審理は、呼出しを受けた当事者等が、審判長が指定した場所（審判

廷[2]）に出頭して開催される。このため、口頭審理の開催によって、人の移動及び人と人との接触が生じ、新型コロナウイルス感染症の拡大につながる懸念がある。

当事者等が新型コロナウイルス感染症に対する不安を持つことなく口頭審理に参加できるようにするという観点及びデジタル化等の社会構造の変化に対応しユーザーの利便性を向上させる観点からは、当事者等が審判廷に出頭することなく、口頭審理の期日における手続に関与できるようにすることが望まれる。

2．改正の概要

(1) 口頭審理期日における当事者等の出頭のオンライン化（特許法第145条）

特許法第145条に第6項を新設し、審判長の判断で、当事者等がウェブ会議システム等（ウェブ会議システムやテレビ会議システムといった、インターネット回線等を介して映像と音声を送受信して相手の状態を相互に認識しながら通話をすることができるシステムをいう。以下同じ。）により、口頭審理期日における手続を行うことができることとした。

また、特許法第145条に第7項を新設し、ウェブ会議システム等により口頭審理期日における手続に関与した当事者等が、同期日に出頭したものとみなすこととした。

2　口頭審理は、通常は特許庁庁舎内の審判廷において開催されるが、当事者等の所在地の最寄りの会議室等の場所を指定し、当該場所に審判合議体及び審判書記官が出向くことにより開催すること（巡回審判）も可能。

⑵　証拠調べ期日における当事者等の出頭のオンライン化（特許法第151条）

　新設した特許法第145条第6項及び第7項を同法第151条において準用することにより、審判長の判断で、当事者等が、ウェブ会議システム等により証拠調べ期日における手続を行うことができることとし、ウェブ会議システム等により同手続に関与した当事者等が同期日に出頭したものとみなすこととした。

3．改正条文の解説

⑴　口頭審理期日における当事者等の出頭のオンライン化
◆特許法第145条第6項及び第7項

（審判における審理の方式）

第百四十五条　（略）

2～5　（略）

6　審判長は、当事者若しくは参加人の申立てにより又は職権で、経済産業省令で定めるところにより、審判官及び審判書記官並びに当事者及び参加人が映像と音声の送受信により相手の状態を相互に認識しながら通話をすることができる方法によつて、第三項の期日における手続を行うことができる。

7　第三項の期日に出頭しないで前項の手続に関与した当事者及び参加人は、その期日に出頭したものとみなす。

　特許法第145条に第6項及び第7項を新設した。

　第6項は、当事者等の申立て又は審判長の職権により、審判長の判断で、当事者等が口頭審理期日に審判廷に出頭することなく、ウェブ会議システム等により、同期日における手続に関与することを可能にするものである。なお、その具体的な同項の方法は、経済産業省令において定めることとした。

第7項は、口頭審理期日に審判廷に出頭しないで第6項の手続に関与した当事者等は同期日に出頭したものとみなすものである。これにより、当事者等は、ウェブ会議システム等により口頭審理期日における手続に関与した場合であっても審判廷に出頭したものとみなされることから、特許法第203条の規定により過料に処されることはない。

なお、特許法第145条第6項及び第7項は、実用新案法第41条、意匠法第52条及び商標法第56条第1項においてそれぞれ準用されるため、実用新案、意匠及び商標の審判の口頭審理においても、ウェブ会議システム等による手続が可能となる。また、特許法第145条第6項及び第7項は、同法第174条第2項から第4項まで、実用新案法第45条第1項、意匠法第58条第2項から第4項まで並びに商標法第60条の2第1項、第61条及び第62条において準用されるため、それらの再審における口頭審理においても、ウェブ会議システム等による手続が可能となる。

◆特許法第71条第3項

第七十一条　（略）

2　（略）

3　第百三十一条第一項、第百三十一条の二第一項本文、第百三十二条第一項及び第二項、第百三十三条、第百三十三条の二、第百三十四条第一項、第三項及び第四項、第百三十五条、第百三十六条第一項及び第二項、第百三十七条第二項、第百三十八条、第百三十九条（第六号及び第七号を除く。）、第百四十条から第百四十四条まで、第百四十四条の二第一項及び第三項から第五項まで、第百四十五条第二項から第七項まで、第百四十六条、第百四十七条第一項及び第二項、第百五十条第一項から第五項まで、第百五十一条から第百五十四条まで、第百五十五条第一項、第百五十七条並びに第百六十九条第三項、第四項及び第六項の規定は、

第一項の判定について準用する。この場合において、第百三十五条中「審決」とあるのは「決定」と、第百四十五条第二項中「前項に規定する審判以外の審判」とあるのは「判定の審理」と、同条第五項ただし書中「公の秩序又は善良の風俗を害するおそれがあるとき」とあるのは「審判長が必要があると認めるとき」と、第百五十一条中「第百四十七条」とあるのは「第百四十七条第一項及び第二項」と、第百五十五条第一項中「審決が確定するまで」とあるのは「判定の謄本が送達されるまで」と読み替えるものとする。

4　（略）

　特許法第71条第３項において、新たに同法第145条第６項及び第７項を準用することにより、判定の口頭審理における手続について、当事者等が、期日に審判廷に出頭しないでウェブ会議システム等により関与できることとした。

　なお、特許法第71条第３項は、実用新案法第26条、意匠法第25条第３項及び商標法第28条第３項においてそれぞれ準用されるため、実用新案、意匠及び商標の判定の口頭審理においても、ウェブ会議システム等による手続が可能となる。

◆商標法第43条の６第２項

（審理の方式等）
第四十三条の六　（略）
2　第五十六条第一項において準用する特許法第百四十五条第三項から第七項まで、第百四十六条及び第百四十七条の規定は、前項ただし書の規定による口頭審理に準用する。
3　（略）

商標法第43条の6第2項において、新たに特許法第145条第6項及び第7項を準用することにより、登録異議の申立ての口頭審理における手続について、当事者等が、期日に審判廷に出頭しないでウェブ会議システム等により関与できることとした。

(2) 証拠調べ及び証拠保全期日における当事者等の出頭のオンライン化
◆特許法第151条

> 第百五十一条　第百四十五条第六項及び第七項並びに第百四十七条並びに民事訴訟法第九十三条第一項（期日の指定）、第九十四条（期日の呼出し）、第百七十九条から第百八十一条まで、第百八十三条から第百八十六条まで、第百八十八条、第百九十条、第百九十一条、第百九十五条から第百九十八条まで、第百九十九条第一項、第二百一条から第二百四条まで、第二百六条、第二百七条、第二百十条から第二百十三条まで、第二百十四条第一項から第三項まで、第二百十五条から第二百二十二条まで、第二百二十三条第一項から第六項まで、第二百二十六条から第二百二十八条まで、第二百二十九条第一項から第三項まで、第二百三十一条、第二百三十二条第一項、第二百三十三条、第二百三十四条、第二百三十六条から第二百三十八条まで、第二百四十条から第二百四十二条まで（証拠）及び第二百七十八条（尋問等に代わる書面の提出）の規定は、前条の規定による証拠調べ又は証拠保全に準用する。この場合において、同法第百七十九条中「裁判所において当事者が自白した事実及び顕著な事実」とあるのは「顕著な事実」と、同法第二百四条及び第二百十五条の三中「最高裁判所規則」とあるのは「経済産業省令」と読み替えるものとする。

特許法第151条において、新たに同法第145条第6項及び第7項を準用す

ることにより、証拠調べ及び証拠保全における手続について、当事者等が、期日に審判廷に出頭しないでウェブ会議システム等により関与できることとした。

　なお、特許法第151条は、同法第120条において準用されるため、特許異議の申立ての証拠調べ及び証拠保全においても、ウェブ会議システム等による手続が可能となる。また、特許法第151条は、実用新案法第41条、意匠法第52条及び商標法第56条第1項においてそれぞれ準用されるため、実用新案、意匠及び商標の審判の証拠調べ及び証拠保全においても、ウェブ会議システム等による手続が可能となる。さらに、特許法第151条は、商標法第43条の8において準用されるため、登録異議の申立てにおける証拠調べ及び証拠保全においてもウェブ会議システム等による手続が可能となる。特許法第151条は、同法第174条第1項から第4項まで、実用新案法第45条第1項、意匠法第58条第2項から第4項まで並びに商標法第60条の2第1項、第61条及び第62条において準用されるため、それらの再審における証拠調べ及び証拠保全においても、ウェブ会議システム等による手続が可能となる。

４．施行期日及び経過措置

⑴　施行期日

　改正法の公布の日から起算して6月を超えない範囲において政令で定める日（令和3年10月1日）から施行することとした（改正法附則第1条第3号）。

⑵　経過措置

　経過措置は定めていない。

第4章　訂正審判等における通常実施権者の承諾の要件の見直し

1．改正の必要性

⑴　従来の制度

　特許法においては、特許権者が特許請求の範囲等を訂正することについて請求する訂正審判、利害関係人等が特許の無効を求めることのできる特許無効審判、特許掲載公報発行後6月以内に限り何人も特許庁に対して特許の見直しを求めることができる特許異議の申立ての制度を設けており、これら制度の手続において、特許権者は、特許庁に対し、特許請求の範囲等を訂正することを請求できる。

　特許権者にとっては、訂正審判の請求及び特許無効審判又は特許異議の申立ての手続の中で行う訂正の請求は、特許が無効又は取消しとされることを防ぐための重要な防御手段である。また、特許権者にとって、特許権に基づく被疑侵害者に対する損害賠償請求等の特許権侵害訴訟において、被疑侵害者から無効の抗弁が主張された場合に訂正の再抗弁を行うことも重要な防御手段であるところ、裁判実務上、当該訂正の再抗弁をするためには原則として特許庁への訂正審判の請求又は訂正の請求が必要であるとされている。

　現行法においては、訂正審判を請求するとき又は特許無効審判若しくは特許異議の申立てにおいて訂正の請求をするときは、不測の損害を被るおそれのある専用実施権者、通常実施権者及び質権者の承諾が必要とされている（特許法第127条並びに同条を準用する同法第120条の5第9項及び第134条の2第9項）。

　また、実用新案登録請求の範囲等の訂正をするときは、通常実施権者等の承諾が必要とされている（実用新案法第14条の2第13項において準用す

る特許法第127条）。

　同様に、特許権、実用新案権、意匠権又は商標権の放棄に際しても、通常実施権者等（商標権の放棄については通常使用権者等）の承諾が必要とされている（特許法第97条第1項並びに同項を準用する実用新案法第26条、意匠法第36条及び商標法第35条）。

(2)　改正の必要性

①　通常実施権者の増加及び多様化

　近年、特許権のライセンスにおいて、1つの特許権を1者にライセンスする単純な態様から、多数の特許権を多数の者にライセンスする大規模かつ複雑な態様への変化が加速している。

　例えば、標準規格に関連する特許権は多数存在し、それら多数の特許権を包括クロスライセンス等によりライセンスすることが常態化している。それを裏付ける例として、複数の企業が特許権を持ち寄り、参加企業にまとめて通常実施権を許諾する枠組みである「パテントプール」の存在がある。パテントプールの利用が特に活発である通信技術分野では、例えば、「4G」の通信規格である「LTE」について、当該規格を利用するために必須であると宣言された特許権の数が6000件程度、特許権者数が50者程度あるとされる[3]。LTEの主たる利用は、携帯電話によるものであるが、今後、次世代の通信規格がスマート家電や自動運転車等の無線通信機能を必要とするあらゆるものに利用されることを踏まえれば、当該通信規格や他の標準規格に係る特許権の通常実施権者数は一層増加していくと考えられる。

　また、AI・IoT技術の進展に伴うビジネス環境の変化は、これまで協働することのなかった異業種間におけるライセンス交渉の必要性を生み、ライセンス契約の相手の多様化の一因となっている。特に、グローバル化の

3　株式会社サイバー創研『LTE関連特許のETSI必須宣言特許調査報告書（第3.0版）』、3～4ページ（平成25年6月）。

進展により、外国企業が日本の特許権の通常実施権者となるケースも増加している。米国特許法、欧州特許条約、ドイツ特許法、英国特許法、中国専利法といった他の主要国の特許法又は条約には、日本の特許法とは異なり、訂正審判において通常実施権者の承諾を必要とする規定は設けられていない。したがって、ライセンス交渉に際して、日本の企業が、訂正審判等において通常実施権者の承諾が必要であることについて外国企業に説明して理解を得ることに係る負担が生じている。

　以上のとおり、通常実施権者が増加し、多様化したことにより、特許権者が訂正審判又は訂正の請求に際して、全ての通常実施権者の承諾を得ることが現実的に困難となっている。また、他の主要国との制度の違いにより、今後国際間のライセンス交渉において日本企業が不利な立場に置かれるおそれがあることから、海外制度との調和を図る必要が生じている。

②　特許権者の防御手段が失われる懸念

　上記のとおり、訂正審判の請求及び特許無効審判又は特許異議の申立ての手続の中で行う訂正の請求は、特許が無効又は取消しとされることを防ぐための、特許権者にとっての重要な防御手段であるが、通常実施権者の承諾を得ることが現実的に困難なことにより、特許権者の当該防御手段が実質的に失われ、特許無効審判又は特許異議の申立てにおいて特許が無効又は取消しとされる又は特許権侵害訴訟において特許無効が認定されて特許権者が敗訴することが懸念される[4]。

　一方で、通常実施権は、「特許発明の実施をする権利」（特許法第78条第2項）であって、その法的性質について、通説、判例では、特許権者に対

4　例えば、発明の名称を「累進多焦点レンズ及び眼鏡レンズ」とする特許権を有する者が損害賠償等を求めた事件（東京地判平成28年7月13日〈平成25年（ワ）第19418号〉）では、通常実施権者の承諾が得られないことにより訂正の再抗弁の主張が認められなかった。

し差止請求権や損害賠償請求権を行使しないように求める不作為請求権であるとされている[5]。このため、訂正により特許請求の範囲が減縮されたとしても、通常実施権者の特許権の実施の継続が妨げられるわけではない[6]から、訂正は通常実施権者の法的利益を害するものとはいえない。

このように、特許請求の範囲を訂正しても通常実施権者の法的利益を害するものとはいえないにもかかわらず、通常実施権者の承諾を得られないことにより特許権者が訂正という防御手段を実質的に失うことは、特許権者の保護を欠く状況となっている。

③ 特許権等の放棄についての改正の必要性

(i) 特許権、実用新案権及び意匠権の放棄について

特許権を放棄した場合においても、特許請求の範囲等の訂正をした場合と同様に、通常実施権者による実施の継続が妨げられるわけではなく、また、通常実施権者が増加し、多様化したことにより、全ての通常実施権者の承諾を得ることが現実的に困難なケースが増加することが見込まれる。この点は、実用新案権及び意匠権についても同様であるといえる。

このため、本来、特許権者等が自由に行えるべき特許権等の放棄に関し、そのことに対して法的な不利益のない通常実施権者の承諾を求めることとなれば、特許権者等に不必要な負担を課すことになる。

---

5 大阪地判昭和59年4月26日無体裁集16巻1号271ページ〈昭和58年（ワ）第3453号〉等参照。また、最判昭和48年4月20日民集27巻3号580ページ〈昭和47年（オ）第395号〉は、通常実施権者の登録義務（なお、平成23年改正により通常実施権の登録制度は廃止されている。）が争われた中で、通常実施権の法的性質について「単に特許権者に対し右の実施を容認すべきことを請求する権利を有するにすぎないということができる」と判示した。

6 通常実施権者の実施の範囲が特許権の範囲であれば引き続き通常実施権に基づき実施が可能であり、また、仮に通常実施権者の実施の範囲が特許権の範囲から外れたとしても自由実施となり実施の継続が可能である。

(ⅱ)　商標権の放棄について

　これに対し、商標法については、以下の理由により、商標権の放棄において、通常使用権者の承諾を引き続き求める必要がある。

　まず、商標法は、商標を保護することにより、通常使用権者も含めてその商標の使用をする者の業務上の信用の維持を図るとともに、需要者の利益を保護することを目的としている（商標法第1条）。そのため、仮に、通常使用権者の承諾を得ることなく商標権が放棄され、誰もがその商標を使用できる状態になった場合には、これまで商標を使用してきた通常使用権者の信用が毀損されるおそれがあるのみならず、商品・役務の出所について混同が生じることにより需要者の利益も害されるおそれがある。

　また、特許権が放棄された場合には、当該特許権は消滅し他者が当該特許権を取得することはなく、通常実施権者による実施の継続が妨げられるわけではないが、商標権が放棄された場合には、その後、同一又は類似の商標について他者が権利を取得し、通常使用権者であった者が差止め等の請求を受ける可能性がある。

2．改正の概要

(1)　訂正審判等における通常実施権者の承諾要件の廃止（特許法第127条）

　特許法第127条（同条を準用する同法第120条の5第9項及び第134条の2第9項並びに実用新案法第14条の2第13項を含む。）を改正し、訂正審判の請求及び特許無効審判又は特許異議の申立ての手続の中で行う訂正の請求並びに実用新案登録請求の範囲等の訂正において通常実施権者の承諾を不要とした。

(2)　特許権、実用新案権及び意匠権の放棄における通常実施権者の承諾要件の廃止並びに同廃止に伴う商標権の放棄に係る規定の見直し（特許法第97条第1項並びに商標法第34条の2及び第35条）

特許法第97条第1項（同項を準用する実用新案法第26条及び意匠法第36条を含む。）を改正し、特許権、実用新案権及び意匠権の放棄において通常実施権者の承諾を不要とした。

また、商標権の放棄においては引き続き通常使用権者の承諾を必要とするため、商標法第35条における特許法第97条第1項の準用を削除し、商標法第34条の2において商標権の放棄についての条文を新設した。

3. 改正条文の解説

(1) 訂正審判等における通常実施権者の承諾要件の廃止
◆特許法第127条

> 第百二十七条　特許権者は、専用実施権者又は質権者があるときは、これらの者の承諾を得た場合に限り、訂正審判を請求することができる。

特許法第127条において、通常実施権者に係る部分を削除し、訂正審判における通常実施権者の承諾を不要とした。

また、特許法第120条の5第9項及び第134条の2第9項並びに実用新案法第14条の2第13項において改正後の特許法第127条を準用することにより、特許無効審判又は特許異議の申立ての手続の中で行う訂正の請求及び実用新案登録請求の範囲等の訂正において通常実施権者の承諾を不要とした。

なお、本改正は、特許権者と通常実施権者との間の契約において、訂正審判等に際して通常実施権者の承諾を必要とするよう定めることを妨げるものではない。

(2)　特許権、実用新案権及び意匠権の放棄における通常実施権者の承諾要件の廃止並びに同廃止に伴う商標権の放棄に係る規定の見直し

◆特許法第97条第１項

（特許権等の放棄）

第九十七条　特許権者は、専用実施権者又は質権者があるときは、これらの者の承諾を得た場合に限り、その特許権を放棄することができる。

２・３　（略）

特許法第97条第１項において、通常実施権者に係る部分を削除し、特許権の放棄における通常実施権者の承諾を不要とした。

また、実用新案法第26条及び意匠法第36条において改正後の特許法第97条第１項を準用することにより、実用新案権及び意匠権の放棄において通常実施権者の承諾を不要とした。

なお、本改正は、特許権者等と通常実施権者との間の契約において、特許権等の放棄に際して通常実施権者の承諾を必要とするよう定めることを妨げるものではない。

◆商標法第34条の２（新設）及び第35条

（商標権の放棄）

第三十四条の二　商標権者は、専用使用権者、質権者又は通常使用権者があるときは、これらの者の承諾を得た場合に限り、その商標権を放棄することができる。

（特許法の準用）

第三十五条　特許法第七十三条（共有）、第七十六条（相続人がない

場合の特許権の消滅）並びに第九十八条第一項第一号及び第二項（登録の効果）の規定は、商標権に準用する。この場合において、同号中「移転（相続その他の一般承継によるものを除く。）」とあるのは、「分割、移転（相続その他の一般承継によるものを除く。）」と読み替えるものとする。

　商標権の放棄における通常使用権者等の承諾を引き続き必要とするため、商標法第35条における特許法第97条第１項の準用を削除し、商標法第34条の２において商標権の放棄についての条文を新設した。

　なお、商標法第35条中「同法第九十八条第一項第一号中」が「同号中」に改められているが、これは条文の引用表記を見直した形式的な改正である。

４．施行期日及び経過措置

⑴　施行期日
　改正法の公布の日から起算して１年を超えない範囲において政令で定める日（令和４年４月１日）から施行することとした（改正法附則第１条本文）。

⑵　経過措置
◆改正法附則第２条第９項及び第３条第３項

（特許法の一部改正に伴う経過措置）
第二条　（略）
2〜8　（略）
9　改正後特許法第百二十七条（改正後特許法第百二十条の五第九項及び第百三十四条の二第九項において準用する場合を含む。）の規定は、施行日以後にする特許法第百二十条の五第二項又は第百三十四条の二第一項の訂正の請求及び訂正審判の請求について適

用し、施行日前にした同法第百二十条の五第二項又は第百三十四条の二第一項の訂正の請求及び訂正審判の請求については、なお従前の例による。

10・11　（略）

（実用新案法の一部改正に伴う経過措置）

第三条　（略）

2　（略）

3　第二条の規定（附則第一条第三号及び第五号に掲げる改正規定を除く。）による改正後の実用新案法（次項において「改正後実用新案法」という。）第十四条の二第十三項において準用する改正後特許法第百二十七条の規定は、施行日以後にする実用新案法第十四条の二第一項又は第七項の訂正について適用し、施行日前にした同条第一項又は第七項の訂正については、なお従前の例による。

4〜8　（略）

改正法の施行日以後に訂正審判の請求、特許無効審判又は特許異議の申立ての手続の中で行う訂正の請求若しくは実用新案登録請求の範囲等の訂正を行う場合は、通常実施権者の承諾を不要とし、改正法の施行前に行う場合は、なお従前の例によることとした。

なお、本経過措置は、改正法の施行日前から存在している通常実施権について、改正後においても引き続き訂正等の際に通常実施権者の承諾を必要とすることや、訂正等があった際に通常実施権者へ通知することなどを特許権者等と通常実施権者との間の契約で定めることを妨げるものではない。ただし、改正法の施行日以後は、上述のとおり、特許庁に対する訂正審判等の手続における承諾は不要となるため、承諾がないことをもって方式不備とされることはない（通常実施権者の承諾を得ていなかったことなどは、債務不履行として、当事者間で解決されるべき問題である。）。

◆改正法附則第２条第５項、第３条第４項及び第４条第３項

（特許法の一部改正に伴う経過措置）

第二条　（略）

２〜４　（略）

５　第一条の規定（前条第二号、第三号及び第五号に掲げる改正規定を除く。）による改正後の特許法（以下「改正後特許法」という。）第九十七条第一項の規定は、この法律の施行の日（以下「施行日」という。）以後にする特許権の放棄に係る登録の申請について適用し、施行日前にした特許権の放棄に係る登録の申請については、なお従前の例による。

６〜11　（略）

（実用新案法の一部改正に伴う経過措置）

第三条　（略）

２・３　（略）

４　改正後実用新案法第二十六条において準用する改正後特許法第九十七条第一項の規定は、施行日以後にする実用新案権の放棄に係る登録の申請について適用し、施行日前にした実用新案権の放棄に係る登録の申請については、なお従前の例による。

５〜８　（略）

（意匠法の一部改正に伴う経過措置）

第四条　（略）

２　（略）

３　第三条の規定（附則第一条第三号から第五号までに掲げる改正規定を除く。）による改正後の意匠法第三十六条において準用する改正後特許法第九十七条第一項の規定は、施行日以後にする意匠権の

　　放棄に係る登録の申請について適用し、施行日前にした意匠権の放
　　棄に係る登録の申請については、なお従前の例による。
４〜６　（略）

　改正法の施行日以後に特許権、実用新案権及び意匠権の放棄に係る登録
を申請する場合は、通常実施権者の承諾を不要とし、改正法の施行前に申
請する場合は、なお従前の例によることとした。なお、「放棄に係る登録」
ではなく、「放棄に係る登録の申請」について経過措置を設けたのは、特
許権者が特許権の放棄に係る登録の申請をしてから特許庁が特許原簿に抹
消の登録をするまでの間には一定の期間を要するため、登録という行政行
為のタイミングによって適用法令が変わり得ることとならないようにする
趣旨である。

第5章　特許料等の料金改定

1．改正の必要性

⑴　各料金の設定に係る基本的考え方

　特許特別会計は、収支相償の原則の下、出願人からの特許料等の収入により、審査等の実務に要する経費を支弁する仕組みとなっており、中長期的に収支が均衡する仕組みにより運営されている。

　特許特別会計において、歳入額は出願料、審査請求料、特許料等の合計により賄っており、各種手続に係る料金は、以下のような観点から規定されている。

①　出願料

　出願料は、出願に係る事務処理の費用に対する対価として徴収される手数料であり、特許法の目的である発明奨励等の観点から、実費を下回り、容易に出願できる程度の水準に政策的に設定されている。

②　出願審査請求料

　出願審査請求料は、審査の費用に対する対価として徴収される手数料である。出願審査請求制度は、特許出願のうち特許性や事業性に乏しいものについて、出願人が審査請求の要否を精査することにより、特許審査制度全体を円滑化・適正化するという趣旨で創設されたものであるが、出願人の負担も考慮し、実費を下回り、出願人に適正な審査請求行動を促す程度の水準に政策的に設定されている。

③　特許料・登録料

　特許料・登録料は、産業財産権（特許権、実用新案権、意匠権及び商標権をいう。以下同じ。）を付与する対価として徴収される料金であり、具体的に個別の経費に対応して決定されるものではなく、特許特別会計の収支相償の原則から、出願料等の他の料金収入と合わせて、全体として特許行政に係る総経費を支弁するように設定されている。

④　国際意匠・国際商標登録出願に係る手数料

　国際意匠・国際商標登録出願において、海外の出願人が出願先として日本国を指定した場合に、その者が日本国特許庁に対して納付する個別手数料である。日本国が指定された場合は、通常の国内の意匠・商標登録出願と同様に、日本国特許庁において、出願された意匠・商標の審査・登録が行われるため、国内の意匠・商標登録出願の出願料、登録料に相当する金額がそれぞれ設定されている。

⑤　PCT国際出願に係る手数料

　PCTに基づき国際出願を行う出願人は、出願時に国際出願手数料・送付手数料・調査手数料を支払う。また、出願人が国際予備審査を請求する場合には予備審査手数料・取扱手数料を支払う。

　これらの手数料のうち、調査手数料、予備審査手数料は、日本国特許庁が行う調査等の費用に対する対価として徴収される手数料であり、国際出願を促す程度の水準に政策的に設定されている。

(2)　改正の必要性

①　特許料等の引上げ

　特許料等は、特許特別会計が歳入超過であることを踏まえ累次に引き下げられてきたところ、近年、審査負担の増大等により歳出が増加し、特許特別会計の財政状況が逼迫している。

特に、今後5年程度の歳出・歳入の見通しを踏まえると、今後のデジタル化に柔軟に対応するためにも、歳入全体に占める割合が大きい特許料・商標登録料の引上げが不可欠である。

②　PCT国際出願に係る手数料の引上げ

現在のPCT国際出願に係る手数料は、国際出願を奨励するという政策的な目的から実費を下回る水準に設定されているところ、近年は、PCT国際出願件数が順調に増加しており、また、国際的に見ても日本の料金水準は米国・欧州に比して低額であることを踏まえ、なお実費を下回る水準としながらも、今後は、制度利用者に一定の負担を求めることが適切である。

③　特許料等の具体的金額の政令委任

特許特別会計は、必要な費用を受益者の負担により賄うため、特許行政サービスの利用者であり費用の負担者である出願人等の意向を適切に反映することが必要である。そのため、例えば今回の料金改定を通じて将来的に特許特別会計の収支に余力が生じた場合には、柔軟に料金を引き下げる等の対応を可能とすることが適切である。

出願料・出願審査請求料については、具体的な金額を政令に委任しているのに対して、特許料等については具体的な金額を法定していることに起因して、柔軟性が低い状態であるところ、これを改める必要がある。

２．改正の概要

上記を踏まえ、特許料等を引き上げるとともに、金額の上限を法定した上で、具体的な金額は政令において定めることとした。

3. 改正条文の解説

(1) 特許料等の見直し

◆特許法第107条第1項

（特許料）

第百七条 特許権の設定の登録を受ける者又は特許権者は、特許料として、特許権の設定の登録の日から第六十七条第一項に規定する存続期間（同条第四項の規定により延長されたときは、その延長の期間を加えたもの）の満了までの各年について、一件ごとに、六万千六百円を超えない範囲内で政令で定める額に一請求項につき四千八百円を超えない範囲内で政令で定める額を加えた額を納付しなければならない。

表 （削る）

2〜5 （略）

特許法第107条は、特許料について規定したものである。

本改正前は、年限の区分けを設け、区分けごとの特許料の金額について表形式で規定していたところ、製品のライフサイクルが短縮化するなど、企業等の事業の収益化までの期間は多様になっており、また、特許特別会計の財政状況に鑑み、柔軟に特許料の金額を引き下げること等を可能とし、それにより利用者の利便性を向上させることが必要となっていることから、本改正によって当該表を削り、上限額のみを法定した上で、具体的な特許料の金額は、政令で定めることとした。上限額については、過去の料金水準を踏まえ、全体として特許行政に係る総経費を支弁し、中長期的な収支均衡を図るため、平成20年6月から平成28年3月までに法定されていた第10年から第25年までの特許料と同額に設定した。

◆実用新案法第31条第 1 項

（登録料）

第三十一条　実用新案権の設定の登録を受ける者又は実用新案権者
　　は、登録料として、実用新案権の設定の登録の日から第十五条に規
　　定する存続期間の満了の日までの各年について、一件ごとに、
　　一万八千百円を超えない範囲内で政令で定める額に一請求項につき
　　九百円を超えない範囲内で政令で定める額を加えた額を納付しなけ
　　ればならない。

　　表　（削る）

2 〜 5 　（略）

　実用新案法第31条は、実用新案登録料について規定したものである。

　実用新案登録料は、歳入全体に占める割合が小さく、料金引上げによる
歳入全体への影響が小さいことから、本改正前の法定金額の最高金額を上
限額に設定した上で、具体的な金額を政令に委任することとした。なお、
特許法第107条第 1 項の改正と同様の趣旨に基づき、年限の区分けを設け、
区分けごとの実用新案登録料の金額について規定する表は削ることとした。

◆意匠法第42条第 1 項

（登録料）

第四十二条　意匠権の設定の登録を受ける者又は意匠権者は、登録料
　　として、第二十一条に規定する存続期間の満了までの各年について、
　　一件ごとに、一万六千九百円を超えない範囲内で政令で定める額を
　　納付しなければならない。

　　一　（削る）

　　二　（削る）

2〜5　（略）

　意匠法第42条は、意匠登録料について規定したものである。

　意匠登録料は、本改正前の料金が国際的に高額であることから、本改正前の法定金額の最高金額を上限額に設定した上で、具体的な金額を政令に委任することとした。なお、特許法第107条第1項の改正と同様の趣旨に基づき、年限の区分けを設け、年限ごとに分けて定めていた現行第1項第1号・第2号意匠登録料の金額は、上限額（現行の第4年から第25年までの金額の登録料と同額とした）のみに一本化することとした。

◆商標法第40条第1項及び第2項

（登録料）

第四十条　商標権の設定の登録を受ける者は、登録料として、一件ごとに、<u>三万二千九百円を超えない範囲内で政令で定める額</u>に区分（指定商品又は指定役務が属する第六条第二項の政令で定める商品及び役務の区分をいう。以下同じ。）の数を乗じて得た額を納付しなければならない。

2　商標権の存続期間の更新登録の申請をする者は、登録料として、一件ごとに、<u>四万三千六百円を超えない範囲内で政令で定める額</u>に区分の数を乗じて得た額を納付しなければならない。

3〜6　（略）

　商標法第40条は、商標の設定登録料及び更新登録料について規定したものである。

　過去の料金水準を踏まえ、全体として特許行政に係る総経費を支弁し、中長期的な収支均衡を図るため、平成20年6月から平成28年3月までに法定されていた金額と本改正前（平成28年4月から本改正法施行まで）の料

金の中間の金額を上限額に設定した上で、具体的な金額を政令に委任することとした。これは、国際的な料金水準と比較して、日本における料金水準が国際的に高額とならないよう、特許に比べて引上げ幅を抑制したものである。

◆商標法第41条の2第1項及び第7項

（登録料の分割納付）

第四十一条の二　商標権の設定の登録を受ける者は、第四十条第一項の規定にかかわらず、登録料を分割して納付することができる。この場合においては、商標登録をすべき旨の査定又は審決の謄本の送達があつた日から三十日以内に、一件ごとに、<u>一万九千百円を超えない範囲内で政令で定める額に区分の数を乗じて得た額を納付する</u>とともに、商標権の存続期間の満了前五年までに、一件ごとに、<u>一万九千百円を超えない範囲内で政令で定める額に区分の数を乗じて得た額</u>を納付しなければならない。

2〜6　（略）

7　商標権の存続期間の更新登録の申請をする者は、第四十条第二項の規定にかかわらず、登録料を分割して納付することができる。この場合においては、更新登録の申請と同時に、一件ごとに、<u>二万五千四百円を超えない範囲内で政令で定める額</u>に区分の数を乗じて得た額を納付するとともに、商標権の存続期間の満了前五年までに、一件ごとに、<u>二万五千四百円を超えない範囲内で政令で定める額</u>に区分の数を乗じて得た額を納付しなければならない。

8・9　（略）

商標法第41条の2は、商標登録料の分割納付について規定したものである。分割納付による設定登録料及び更新登録料については、一括納付による

設定登録料及び更新登録料と同じ割合で引き上げた額を上限額に設定した上で、具体的金額を政令に委任することとした。

◆商標法第65条の７第１項及び第２項

（登録料）

第六十五条の七　防護標章登録に基づく権利の設定の登録を受ける者は、登録料として、一件ごとに、<u>三万二千九百円を超えない範囲内で政令で定める額</u>に区分の数を乗じて得た額を納付しなければならない。

2　防護標章登録に基づく権利の存続期間を更新した旨の登録を受ける者は、登録料として、一件ごとに、<u>三万七千五百円を超えない範囲内で政令で定める額</u>に区分の数を乗じて得た額を納付しなければならない。

3　（略）

　商標法第65条の７は、防護標章登録に基づく権利の登録料について規定したものである。

　防護標章登録に基づく権利の登録料については、設定登録料及び更新登録料と同じ割合で引き上げた額を上限額に設定した上で、具体的金額を政令に委任することとした。

(2)　国際意匠・国際商標登録出願に係る手数料の見直し

◆意匠法第60条の21第１項及び第２項

（国際意匠登録出願の個別指定手数料）

第六十条の二十一　国際意匠登録出願をしようとする者は、ジュネーブ改正協定第七条(2)の個別の指定手数料（以下「個別指定手数料」

という。）として、一件ごとに、<u>十万五百円を超えない範囲内で政令で定める額</u>に相当する額を国際事務局に納付しなければならない。

2　国際意匠登録出願又は国際登録を基礎とした意匠権が基礎とした国際登録についてジュネーブ改正協定第十七条(2)の更新をする者は、個別指定手数料として、一件ごとに、<u>八万四千五百円を超えない範囲内で政令で定める額</u>に相当する額を国際事務局に納付しなければならない。

3　（略）

　意匠法第60条の21は、国際意匠登録出願の個別指定手数料について規定したものである。

　本条第１項に規定される出願料・登録料相当分の個別指定手数料の金額は、意匠法第67条別表第１号に定める出願料及び意匠法第42条第１項に定める設定登録料（設定登録の日から５年分）を基に設定され、本条第２項に規定される更新登録料相当分の個別指定手数料の金額は、意匠法第42条第１項に定める登録料（設定登録の日から数えて第６年から第10年までの５年分）と同額に設定されている。国内出願料の本改正前の法定金額及び国内意匠登録料の改正後の法定金額を基にした額を上限額に設定した上で、具体的金額を政令に委任することとした。

◆商標法第68条の30第１項及び第５項

（国際登録に基づく商標権の個別手数料）

第六十八条の三十　国際登録に基づく商標権の設定の登録を受けようとする者は、議定書第八条(7)(a)に規定する個別の手数料（以下「個別手数料」という。）として、一件ごとに、次に掲げる額を国際事務局に納付しなければならない。

一　六千円を超えない範囲内で政令で定める額に一の区分につき一万五千円を超えない範囲内で政令で定める額を加えた額に相当する額

二　三万二千九百円を超えない範囲内で政令で定める額に区分の数を乗じて得た額に相当する額

2〜4　（略）

5　国際登録に基づく商標権の存続期間の更新をする者は、個別手数料として、一件ごとに、四万三千六百円を超えない範囲内で政令で定める額に区分の数を乗じて得た額に相当する額を国際事務局に納付しなければならない。

6　（略）

商標法第68条の30は、国際商標登録出願の個別指定手数料について規定したものである。

本条第1項に規定される個別手数料は、商標法別表第1号に定める出願料及び商標法第40条第1項に定める設定登録料に、本条第5項に規定される個別手数料は商標法第40条第2項に定める更新登録料に、それぞれ相当するものであることから、国内出願料の本改正前の法定金額及び国内商標登録料の改正後の法定金額を基に引き上げた額を上限額に設定した上で、具体的金額を政令に委任することとした。なお、改正法第5条により、改正前においては、出願料相当分の個別手数料と、登録料相当分の個別手数料を別に納付することとしていたが、これらを一括して納付する方式に改めた。詳細は、「第9章　国際商標登録出願における商標登録手数料の二段階納付の廃止及び登録査定の謄本の送達方法の見直し」を参照されたい。

⑶　PCT国際出願に係る手数料の引上げ

◆特許協力条約に基づく国際出願等に関する法律第18条第２項

（手数料）

第十八条　（略）

2　次の表の第二欄に掲げる者は、それぞれ同表の第三欄に掲げる金
　　額の範囲内において政令で定める金額に同表の第四欄に掲げる金額
　　を合算して得た額の手数料を納付しなければならない。

一	特許庁が国際調査をする国際出願をする者 イ　明細書及び請求の範囲が日本語で作成されている場合 ロ　明細書及び請求の範囲が第三条第一項の経済産業省令で定める外国語で作成されている場合	一件につき <u>十七万円</u> 一件につき <u>二十四万九千円</u>	条約第三条(4)(iv)の手数料のうち、国際事務局（条約第二条(xix)の国際事務局をいう。以下同じ。）に係るものの金額として政令で定める金額
二	特許庁以外の条約に規定する国際調査機関が国際調査をする国際出願をする者	一件につき <u>一万八千円</u>	条約第三条(4)(iv)の手数料のうち、特許庁以外の条約に規定する国際調査機関及び国際事務局に係るものの金額として政令で定める金額
三	（略）	（略）	（略）

3　（略）

　特許協力条約に基づく国際出願等に関する法律第18条は、日本国特許庁
が国際調査等をする国際出願をする者等が納付しなければならない手数料
を定めたものである。

日本国特許庁が国際調査をする国際出願をする者に係る手数料のうち、外国語でされた国際出願については、直近の実費に相当する額を上限額とすることとした。日本語でされた国際出願については、外国語と同程度引き上げた額を上限額とすることとした。

　また、日本国特許庁以外の条約に規定する国際調査機関が国際調査をする国際出願をする者に係る手数料について、直近の実費に相当する額を上限額とすることとした。

(4)　特許料等の減免期間の政令委任

◆特許法第109条

（特許料の減免又は猶予）

　第百九条　特許庁長官は、特許権の設定の登録を受ける者又は特許権者であつて資力を考慮して政令で定める要件に該当する者が、特許料を納付することが困難であると認めるときは、政令で定めるところにより、第百七条第一項の規定により<u>納付すべき</u>特許料を軽減し若しくは免除し、又はその納付を猶予することができる。

◆特許法第109条の2第1項

　第百九条の二　特許庁長官は、特許権の設定の登録を受ける者又は特許権者であつて、中小企業者、試験研究機関等その他の資力、研究開発及び技術開発を行う能力、産業の発達に対する寄与の程度等を総合的に考慮して政令で定める者に対しては、政令で定めるところにより、第百七条第一項の規定により<u>納付すべき</u>特許料を軽減し若しくは免除し、又はその納付を猶予することができる。

2・3　（略）

◆実用新案法第32条の2

（登録料の減免又は猶予）

第三十二条の二　特許庁長官は、第三十一条第一項の規定により登録
　料を納付すべき者がその実用新案登録出願に係る考案の考案者又は
　その相続人である場合において貧困により登録料を納付する資力が
　ないと認めるときは、政令で定めるところにより、登録料を軽減し
　若しくは免除し、又はその納付を猶予することができる。

　特許法第109条、第109条の2及び実用新案法第32条の2は、特許料又は
実用新案登録料の減免、猶予について規定したものである。

　本改正により、特許料及び実用新案登録料について金額の上限を法定し
た上で、具体的な金額を政令に委任することに伴い、減免期間も政令に委
任することとした。

4．施行期日及び経過措置

(1)　施行期日

　改正法の公布の日から起算して1年を超えない範囲内において政令で定
める日から施行する（改正法附則第1条）。

(2)　経過措置

◆改正法附則第10条

（検討）

第十条　政府は、この法律の施行後五年を経過した場合において、この法律による改正後の特許法第百七条第一項、実用新案法第三十一条第一項、意匠法第四十二条第一項並びに第六十条の二十一第一項及び第二項、商標法第四十条第一項及び第二項、第四十一条の二第一項及び第七項、第六十五条の七第一項及び第二項並びに第六十八条の三十第一項及び第五項並びに特許協力条約に基づく国際出願等に関する法律第十八条第二項の表一の項第三欄及び二の項第三欄の規定の施行の状況について検討を加え、その結果に基づいて必要な措置を講ずるものとする。

　料金改定後も経済情勢や料金改定に伴う出願動向等を適切に把握し、将来的に特許特別会計の収支に余力が生じる場合は、機動的に料金を引き下げるなど、柔軟に見直しを行い、実態に即した料金水準としていく必要がある。本改正により、特許料等については、法定上限を設けた上で具体的な金額は政令に委任することになるため、料金改定については、法定上限の範囲内で政令において対応することが可能となるが、その運用状況や、上限額の適切性等についての定期的な検証が求められることには変わりなく、料金体系の柔軟な見直しを行うため、見直し条項を規定した。

第6章 災害等の発生時における 割増手数料の免除

1. 改正の必要性

(1) 従来の制度

特許権者は、第4年分以後の各年分の特許料として、特許法第108条第2項に規定する特許料の納付期間[7]が経過した後であっても、その期間の経過後6月以内であれば、特許料の追納をすることができ（第112条第1項）、その際には納付すべき特許料のほか、その特許料と同額の割増特許料を納付しなければならない（同条第2項）。これは、第4年以降の特許料の納付を怠った場合に直ちにその特許権が消滅することは酷であるので、相当額の割増特許料を徴収することによって納付を怠ったことの効果を免じようとするものである。

また、実用新案法、意匠法及び商標法においても、特許法と同様の規定を設けている（実用新案法第33条、意匠法第44条及び商標法第43条）。

(2) 改正の必要性

令和2年初頭からの新型コロナウイルス感染症の拡大により、特許権者等が、当該感染症に罹患するといったやむを得ない事情により、特許料等を所定の期間内に納付できない事態が生じた。

---

7 納付期間については、特定の要件の下（出願人が、資力を考慮して政令で定める者又は中小企業等であって、特許料の納付が困難であると認めるとき）においては当該納付期間を猶予することができるとしている（第109条又は第109条の2第1項）。この場合、当該猶予期間の経過後6月に割増特許料を支払うことができる（第112条第1項）。

特許権者等からは、この事態について、やむを得ない事情である限り、「特許料等の納付を怠った」とは言えず、所定の期間を経過した後に必ず割増特許料等を納付する必要があるとする現行制度は、不合理であるとの声が多数寄せられた。これを踏まえ、所定の期間内に納付をすることができなかった原因が、大規模災害の発生等、特許権者等の責めに帰することができない理由である場合には、割増特許料等の納付を免除する必要が生じた。

　なお、米国においては、新型コロナウイルス感染症の拡大を含む「異常な事情」等の理由による納付期間の徒過について、期間徒過に係る追加の手数料の納付を免除している。また、欧州、中国においては、新型コロナウイルス感染症の拡大を理由とする納付期間の徒過について特別の決定、公告によって割増手数料等の納付を免除した。

2．改正の概要

(1)　特許法・実用新案法・意匠法の改正

　特許法第112条第2項ただし書に、大規模感染症や災害等の特許権者等の責めに帰することができない理由によって、特許権者等が、特許法第108条第2項に規定する納付期間又は特許法第109条等に規定する猶予期間内に特許料等を納付できないときに、割増特許料等の納付を免除する規定を設けることとした。また、この規定により割増特許料等の納付が免除される場合であっても、第112条第4項から第6項までの規定が適用されるよう形式的な改正を行うこととした。

　また、実用新案法第33条、意匠法第44条についても、特許法と同様の改正の必要性が認められることから、特許法と同旨の改正を行うこととした。

(2)　商標法の改正

　商標法には、商標権存続期間更新登録料を一括で納付する方法（商標法第40条第2項）のほか、更新時と存続期間の満了前5年までに納付すべき

更新登録料を分割して納付する方法（商標法第41条の2第7項）が規定されている。また、商標権設定登録の際、設定時と存続期間の満了前5年までに納付すべき設定登録料を分割して納付する方法（第41条の2第1項）が規定されている。それぞれの方法について、商標権者が存続期間の満了前6月から満了日までの間に登録料の納付とともに更新登録の申請をすることができなかった場合（第20条第3項及び第21条第1項。第41条の2第7項に規定する分割納付の場合を含む。）及び商標権の存続期間の満了前5年までに後期分割登録料の納付ができなかった場合〈第41条の2第5項（同条第8項において準用する場合を含む。）〉には、登録料と同額の割増登録料を納付しなければならない（商標法第43条）。

　商標法における割増登録料についても、特許法と同様の改正の必要性が認められることから、特許法と同旨の改正を行うこととした。

3．改正条文の解説

◆特許法第112条第2項及び第4項〜第6項

（特許料の追納）

第百十二条　（略）

2　前項の規定により特許料を追納する特許権者は、第百七条第一項の規定により納付すべき特許料のほか、その特許料と同額の割増特許料を納付しなければならない。ただし、当該特許権者がその責めに帰することができない理由により第百八条第二項に規定する期間又は第百九条若しくは第百九条の二の規定による納付の猶予後の期間内にその特許料を納付することができないときは、その割増特許料を納付することを要しない。

3　（略）

4　特許権者が第一項の規定により特許料を追納することができる期

間内に、第百八条第二項本文に規定する期間内に納付すべきであつた特許料及び第二項の規定により納付すべき割増特許料を納付しないときは、その特許権は、同条第二項本文に規定する期間の経過の時に遡つて消滅したものとみなす。

5　特許権者が第一項の規定により特許料を追納することができる期間内に第百八条第二項ただし書に規定する特許料及び第二項の規定により納付すべき割増特許料を納付しないときは、その特許権は、当該延長登録がないとした場合における特許権の存続期間の満了の日の属する年の経過の時に遡つて消滅したものとみなす。

6　特許権者が第一項の規定により特許料を追納することができる期間内に第百九条又は第百九条の二の規定により納付が猶予された特許料及び第二項の規定により納付すべき割増特許料を納付しないときは、その特許権は、初めから存在しなかつたものとみなす。

　特許法第112条第2項は特許料を追納する際の割増特許料について規定するものであるところ、同項にただし書を追加し、「その責めに帰することができない理由」により同法第108条に規定する特許料の納付期間又は同法第109条若しくは第109条の2の規定による納付の猶予後の期間内に納付をすることができないときは、割増特許料の納付を免除する規定を設けることとした。なお、「その責めに帰することができない理由」については、同法第30条第4項等の規定と同様であり、天災地変のような客観的な理由に基づいて手続をすることができない場合に加え、通常の注意力を有する当事者が通常期待される注意を尽くしても、なお納付期間を徒過せざるを得なかったような場合を含み得る。

　また、同法第112条第2項にただし書を追加したことに伴い、割増特許料の納付が免除される場合が新たに生じ得ることから、同条第4項から第6項までにおいて、そのような場合であっても第2項の規定が適用されるよう、割増特許料について、「第二項の規定により納付すべき割増特許料」

と規定することとした。

◆実用新案法第33条第2項及び第4項～第5項

（登録料の追納）

第三十三条　（略）

2　前項の規定により登録料を追納する実用新案権者は、第三十一条第一項の規定により納付すべき登録料のほか、その登録料と同額の割増登録料を納付しなければならない。ただし、当該実用新案権者がその責めに帰することができない理由により第三十二条第二項に規定する期間又は前条の規定による納付の猶予後の期間内にその登録料を納付することができないときは、その割増登録料を納付することを要しない。

3　（略）

4　実用新案権者が第一項の規定により登録料を追納することができる期間内に第三十一条第一項の規定による第四年以後の各年分の登録料及び第二項の規定により納付すべき割増登録料を納付しないときは、その実用新案権は、第三十二条第二項に規定する期間の経過の時に遡つて消滅したものとみなす。

5　実用新案権者が第一項の規定により登録料を追納することができる期間内に前条の規定により納付が猶予された登録料及び第二項の規定により納付すべき割増登録料を納付しないときは、その実用新案権は、初めから存在しなかつたものとみなす。

　特許料追納の際の割増特許料の規定（特許法第112条）については、実用新案法第33条にも同様の規定が設けられている。よって、実用新案法第33条第2項、第4項及び第5項を特許法と同様に改正することとした。

◆意匠法第44条第2項及び第4項

（登録料の追納）

第四十四条　（略）

2　前項の規定により登録料を追納する意匠権者は、第四十二条第一項の規定により納付すべき登録料のほか、その登録料と同額の割増登録料を納付しなければならない。ただし、当該意匠権者がその責めに帰することができない理由により第四十三条第二項に規定する期間内にその登録料を納付することができないときは、その割増登録料を納付することを要しない。

3　（略）

4　意匠権者が第一項の規定により登録料を追納することができる期間内にその登録料及び第二項の規定により納付すべき割増登録料を納付しないときは、その意匠権は、第四十三条第二項に規定する期間の経過の時に遡つて消滅したものとみなす。

特許料追納の際の割増特許料の規定（特許法第112条）については、意匠法第44条にも同様の規定が設けられている。よって、意匠法第44条第2項及び第4項を特許法と同様に改正することとした。

◆商標法第43条第1項〜第3項

（割増登録料）

第四十三条　第二十条第三項又は第二十一条第一項の規定により更新登録の申請をする者は、第四十条第二項の規定により納付すべき登録料のほか、その登録料と同額の割増登録料を納付しなければならない。ただし、当該更新登録の申請をする者がその責めに帰することができない理由により第二十条第二項に規定する期間内にその登

　録料を納付することができないときは、その割増登録料を納付することを要しない。

2　第四十一条の二第七項の場合においては、前項に規定する者は、同条第七項の規定により更新登録の申請と同時に納付すべき登録料のほか、その登録料と同額の割増登録料を納付しなければならない。ただし、当該者がその責めに帰することができない理由により第二十条第二項に規定する期間内にその登録料を納付することができないときは、その割増登録料を納付することを要しない。

3　第四十一条の二第五項(同条第八項において準用する場合を含む。以下この項において同じ。)の場合においては、商標権者は、同条第一項又は第七項の規定により商標権の存続期間の満了前五年までに納付すべき登録料のほか、その登録料と同額の割増登録料を納付しなければならない。ただし、当該商標権者がその責めに帰することができない理由により同条第五項に規定する後期分割登録料を納付すべき期間内にその登録料を納付することができないときは、その割増登録料を納付することを要しない。

4　(略)

　商標法第43条において、第1項は、第20条第3項の規定により追納期間内に更新申請する場合、又は第21条第1項の規定により商標権の回復による更新申請する場合の登録料及びそれと同額の割増登録料の納付について、第2項は、更新登録料を分割して納付する方法を利用する場合において、第20条第3項又は第21条第1項の規定に基づく申請をするときの分割納付の前半分の登録料及びそれと同額の割増登録料の納付について、第3項は、登録料を分割して納付する場合に、後半分を所定の期間内に納付できず、その期間経過後6月以内に追納するときの登録料及びそれと同額の割増登録料の納付について、それぞれ規定している。

　本改正において、同法第43条第1項から第3項までの各項にただし書を

追加し、「その責めに帰することができない理由」により登録料又は後期分割登録料を納付すべき期間内にその登録料等を納付することができないときは、割増登録料の納付を免除することとした。

◆商標法第41条の2第6項

（登録料の分割納付）

第四十一条の二　（略）

２～５　（略）

６　前項の規定により後期分割登録料を追納することができる期間内に後期分割登録料及び第四十三条第三項の規定により納付すべき割増登録料の納付がなかつたときは、その商標権は、存続期間の満了前五年の日に遡つて消滅したものとみなす。

７～９　（略）

商標法第43条第3項にただし書を追加したことに伴い、割増登録料の納付が免除される場合が新たに生じ得ることから、同法第41条の2第6項において、そのような場合であっても同法第43条第3項の規定が適用されるよう、割増登録料について、「第三項の規定により納付すべき割増登録料」と規定することとした。

4．施行期日及び経過措置

(1)　施行期日

改正法の公布の日から起算して6月を超えない範囲内において政令で定める日（令和3年10月1日）から施行することとした（改正法附則第1条第3号）。

(2)　経過措置

◆改正法附則第2条第7項、第3条第5項、第4条第4項並びに第5条第4項及び第5項

（特許法の一部改正に伴う経過措置）

第二条　（略）

2〜6　（略）

7　第一条の規定（前条第三号に掲げる改正規定に限る。）による改正後の特許法（次項において「第三号改正後特許法」という。）第百十二条第二項ただし書の規定は、同号に掲げる規定の施行の日（以下「第三号施行日」という。）前に特許法第百八条第二項に規定する期間又は第一条の規定（前条第二号、第三号及び第五号に掲げる改正規定を除く。）による改正前の特許法第百九条若しくは第百九条の二の規定による納付の猶予後の期間を経過した場合であって、これらの期間内に特許料の納付がなかったときについては、適用しない。

8〜11　（略）

（実用新案法の一部改正に伴う経過措置）

第三条　（略）

2〜4　（略）

5　第二条の規定（附則第一条第三号に掲げる改正規定に限る。）による改正後の実用新案法（次項において「第三号改正後実用新案法」という。）第三十三条第二項ただし書の規定は、第三号施行日前に実用新案法第三十二条第二項に規定する期間又は第二条の規定（同号及び附則第一条第五号に掲げる改正規定を除く。）による改正前の実用新案法第三十二条の二の規定による納付の猶予後の期間を経過した場合であって、これらの期間内に登録料の納付がなかったときについては、適用しない。

6～8　（略）

（意匠法の一部改正に伴う経過措置）

第四条　（略）

2・3　（略）

4　第三条の規定（附則第一条第三号に掲げる改正規定に限る。）による改正後の意匠法（以下この条において「第三号改正後意匠法」という。）第四十四条第二項ただし書の規定は、第三号施行日前に意匠法第四十三条第二項に規定する期間を経過した場合であって、その期間内に登録料の納付がなかったときについては、適用しない。

5・6　（略）

（商標法の一部改正に伴う経過措置）

第五条　（略）

2・3　（略）

4　第三号改正後商標法第四十三条第一項ただし書及び第二項ただし書の規定は、第三号施行日前に商標法第二十条第二項に規定する期間を経過した場合であって、その期間内に登録料の納付がなかったときについては、適用しない。

5　第三号改正後商標法第四十三条第三項ただし書の規定は、第三号施行日前に商標法第四十一条の二第五項に規定する後期分割登録料を納付すべき期間を経過した場合であって、その期間内にその登録料の納付がなかったときについては、適用しない。

6～11　（略）

　改正法の施行前に納付の手続をすべき期間を経過した場合であって、その期間内に特許料や登録料（実用新案、意匠、商標）の納付がなかった場合については、本改正後の規定は適用しないこととした。

第7章 国際意匠登録出願における新規性喪失の例外適用証明書の提出方法の拡充

1. 改正の必要性

(1) 従来の制度

① 新規性喪失の例外規定

　意匠法において、意匠登録出願より前に公開された意匠と同一の又は類似する意匠や、公開された形状等から容易に創作できる意匠は、「新規性」等がないものと扱うこととし、意匠登録を受けることができない（意匠法第3条第1項及び第2項）。一方、展示会、刊行物、ウェブサイトへの発表等によって自らの意匠を公開した後に、その意匠について意匠登録出願をしても一切意匠登録を受けることができないとすることは、創作者にとって酷である。また、産業の発達への寄与という意匠法の目的（意匠法第1条）にもなじまない。

　このため、意匠法では、一定の条件の下必要な手続をすることで、出願前に出願人等が公開した意匠を出願より前に公開された意匠ではないものと扱うことができる新規性喪失の例外規定を設けている（意匠法第4条）。

　新規性喪失の例外規定の適用を受けるためには、まず、意匠登録出願時に、自ら公開した意匠について新規性喪失の例外の適用を受けようとする旨を申し出るための書面（以下「例外適用申出書」という。）を特許庁長官に提出し、そして、意匠登録出願の日から30日以内に当該意匠が新規性喪失の例外の適用を受けることができる意匠であることを証明する書面（以下「例外適用証明書」という。）を特許庁長官に提出しなければならない。

　なお、意匠登録出願の願書に新規性喪失の例外の適用を受けようとする旨及び必要な事項を記載することにより、例外適用申出書の提出を省略す

ることが可能である（意匠法施行規則第19条第3項において準用する特許法施行規則第27条の4第1項）。

②　国際意匠登録出願と新規性喪失の例外

外国で意匠を登録するには、各国に個別に出願する方法と、「意匠の国際登録に関するハーグ協定のジュネーブ改正協定」（以下「ジュネーブ改正協定」という。）に基づき、1つの国際出願手続によりWIPO国際事務局を経由して複数の指定国に一括して出願を行う方法〈ジュネーブ改正協定第4条(1)(a)〉の2つの方法がある。

ジュネーブ改正協定に基づく国際出願は、WIPO国際事務局による形式面の確認を経て意匠が国際登録簿に登録（以下「国際登録」という。）され、国際出願の日が国際登録の日として扱われる〈ジュネーブ改正協定第10条(2)〉。

また、国際登録された意匠は、国際登録の日から原則6か月（令和4年1月1日以降は原則12か月）後にWIPO国際事務局により公表（以下「国際公表」という。）され〈ジュネーブ改正協定の共通規則第17規則(1)〉、国際公表された国際出願のうち、日本国を指定国とするものは、国際登録の日に日本国特許庁にされた意匠登録出願（以下「国際意匠登録出願」という。）とみなされる（意匠法第60条の6）。

国際意匠登録出願の場合において、日本国を指定国として国際出願を行い、かつ、新規性喪失の例外規定の適用を受けようとする場合、出願人は、WIPO国際事務局に国際出願の願書を提出し、WIPO国際事務局が意匠を公表した日〈条約に基づき願書提出から原則6か月（令和4年1月1日以降は原則12か月）〉から30日以内に日本国特許庁長官に対して例外適用証明書を提出する必要がある（意匠法第60条の7）。なお、例外適用申出書については、国際出願の願書に必要事項を記載することにより、日本国特許庁長官への提出を省略することもできる。

(2)　改正の必要性

　国際出願の出願人は、願書をＷＩＰＯ国際事務局に提出するが、例外適用証明書は国際登録の日から原則６か月（令和４年１月１日以降は原則12か月）後である国際公表の日から、30日以内に日本国特許庁長官に宛てて提出することとなる。その際、願書と例外適用証明書の提出時期や提出先の違いに起因し、新規性喪失の例外を申し出た出願人のうち約４割が日本国特許庁への例外適用証明書を提出せず、結果として新規性喪失の例外規定の適用を受けることができない事例が生じている。

　また、令和２年初頭からの新型コロナウイルス感染症の拡大に伴い、一部の外国について国際郵便の引受けが停止され、それにより日本国特許庁から海外の出願人に対する書面の送付が遅滞する事例が生じた。海外の出願人においても、例外適用証明書に係る証拠の収集や当該証明書の国際郵便での送付が困難となる事例も生じている。

２．改正の概要

　国際出願の出願人が、願書とともに、例外適用証明書をＷＩＰＯ国際事務局に提出したときは、国際登録の日に日本国特許庁長官に提出したものとみなす旨を規定する。

３．改正条文の解説

◆意匠法第60条の７第２項

（意匠の新規性の喪失の例外の特例）

第六十条の七　（略）

２　前項に規定する出願人が、その国際出願と同時に証明書をジュネーブ改正協定第一条(xxviii)に規定する国際事務局（以下「国際

事務局」という。）に提出したときは、第四条第三項の規定の適用については、証明書をジュネーブ改正協定第十条(2)に規定する国際登録の日に特許庁長官に提出したものとみなす。

意匠法第60条の7に第2項を新設し、日本国を指定国とする国際出願と同時に、例外適用証明書を郵送又はオンラインによりＷＩＰＯ国際事務局に提出したときは、当該証明書を国際登録の日に日本国特許庁長官に書面で提出したものとみなす旨を規定した。

4．施行期日及び経過措置

(1)　施行期日
改正法の公布の日から起算して６月を超えない範囲において政令で定める日（令和３年10月１日）から施行することとした（改正法附則第１条第３号）。

(2)　経過措置
◆改正法附則第４条第６項

（意匠法の一部改正に伴う経過措置）
第四条　（略）
2〜5　（略）
6　第三号改正後意匠法第六十条の七第二項の規定は、第三号施行日以後にする意匠の国際登録に関するハーグ協定のジュネーブ改正協定第一条(vii)に規定する国際出願（以下この項において「国際出願」という。）について適用し、第三号施行日前にした国際出願については、なお従前の例による。

　施行日以後に国際意匠登録出願をする場合には、改正法に基づき、国際出願と同時に、新規性喪失の例外の適用を受けることができる意匠であることを証明する書面（証明書）をＷＩＰＯ国際事務局に対して提出することができ、施行日前に国際意匠登録出願をする場合については、改正法を適用せず、なお従前の例によるものとした。

第8章　国際意匠登録出願における　登録査定の謄本の送達方法の見直し

1. 改正の必要性

(1) 従来の制度

　意匠登録出願について意匠登録をすべき旨の査定（以下この章において「登録査定」という。）がなされた場合、特許庁長官は、登録査定の謄本を出願人に送達しなければならない（意匠法第19条で準用する特許法第52条第2項）。そして、出願人が在外者であって国内代理人（意匠管理人）がないときは、書類を航空扱いとした書留郵便等に付して発送することができ（意匠法第68条第5項で準用する特許法第192条第2項）、この場合、その発送の時に送達があったものとみなされる（同条第3項）。

　ジュネーブ改正協定に基づき行われた国際意匠登録出願において、登録査定がなされた場合、日本国特許庁は、「登録査定の謄本」を出願人（国内代理人がいる場合には当該代理人）に送達し（意匠法第18条、意匠法第19条で準用する特許法第52条第2項及び意匠法第68条第5項で準用する特許法第192条第2項）、意匠権の設定登録をするとともに、ＷＩＰＯ国際事務局経由で出願人に「保護の付与の声明」を電子的に通知している〈ハーグ協定の1999年改正協定及び1960年改正協定に基づく共通規則（以下「共通規則」という。）第18規則の2〉。

(2) 改正の必要性

　令和2年初頭からの新型コロナウイルス感染症の拡大に伴い、一部の外国について国際郵便の引受けが停止され、日本国特許庁から海外の出願人に対して、設定登録の前提として行う「登録査定の謄本」の送達が滞った。これにより、意匠登録の要件を満たしている国際意匠登録出願の意匠権の

設定登録が遅れ、海外の出願人が不利益を受けるという事態が生じた。

2．改正の概要

　上記の状況を踏まえ、登録査定に記載されている事項を、ＷＩＰＯ国際事務局を経由して「保護の付与の声明」とともに出願人に電子的に通知することをもって、国際意匠登録出願に係る「登録査定の謄本」の送達に代えることができるようにすることとした。

3．改正条文の解説

◆意匠法第60条の12の2第1項及び第2項（新設）

(意匠登録の査定の方式の特例)

第六十条の十二の二　国際意匠登録出願についての第十九条において準用する特許法第五十二条第二項の規定の適用については、特許庁長官は、査定（第十八条の規定による意匠登録をすべき旨の査定に限る。）に記載されている事項を、経済産業省令で定めるところにより、国際事務局を経由して国際登録の名義人に通知することをもつて、第十九条において準用する同項の規定による当該査定の謄本の送達に代えることができる。

2　前項の場合において、同項の規定による通知が国際登録簿に記録された時に、同項に規定する送達があつたものとみなす。

　第60条の12の2を新設し、国際意匠登録出願についての登録査定の方式の特例について規定することとした。

　第1項は、日本国特許庁から出願人に対する「登録査定の謄本」の送達を、ＷＩＰＯ国際事務局を経由して出願人宛てに行う「保護の付与の声明」

と合わせて通知することを可能にすることとした。

　第 2 項は、第 1 項によりＷＩＰＯ国際事務局を経由して登録査定に記載した事項を通知した場合に、意匠権の設定登録の前提となる登録査定の効力発生の時点（すなわち、「登録査定の謄本」の送達時点）を明確にし、その後の設定登録を円滑に行う必要があることから規定することとした。「保護の付与の声明」を受理したＷＩＰＯ国際事務局は、その内容を国際登録簿に記録する義務があり〈共通規則第18規則の 2 (3)〉、出願人及び日本国特許庁ともにＷＩＰＯ国際事務局のウェブサイト上で公開される国際登録簿の記録に対してアクセスしてその内容を了知できることから、国際登録簿への記録をもって「登録査定の謄本」の送達があったものとみなすこととした。

　なお、「標章の国際登録に関するマドリッド協定の1989年 6 月27日にマドリッドで採択された議定書」（以下「マドリッド協定議定書」という。）に基づく商標の国際出願についても同旨の改正を行う（第 9 章　国際商標登録出願における商標登録手数料の二段階納付の廃止及び登録査定の謄本の送達方法の見直し参照）。

4．施行期日及び経過措置

(1)　施行期日

　改正法の公布の日から起算して 6 月を超えない範囲内において政令で定める日（令和 3 年10月 1 日）から施行することとした（改正法附則第 1 条第 3 号）。

(2)　経過措置

　経過措置は定めていない。

第9章　国際商標登録出願における個別手数料の二段階納付の廃止及び登録査定の謄本の送達方法の見直し

1．改正の必要性

(1)　従来の制度

①　国際商標登録出願と手数料の納付

　外国で商標を登録するには、各国に個別に出願する方法と、マドリッド協定議定書に基づき、自国の商標出願又は登録を基礎として、ＷＩＰＯ国際事務局において商標の国際登録をする方法の２つの方法がある。

　マドリッド協定議定書に基づき商標の国際出願を行う場合、出願人は国際事務局を経由して、各指定国に対して当該各指定国が定める手数料（以下「個別手数料」という。）を納付する必要があり、納付方法については、国際出願時に個別手数料の全費用を納付させる方法（以下「一括納付」という。）、国際出願時と指定国における商標権の付与（設定登録）時に分けて納付させる方法（以下「二段階納付」という。）、の２つの方法があり、日本は二段階納付を採用している（商標法第68条の30第１項及び第２項）。一段階目の手数料については国際登録前に、二段階目の手数料については、「登録査定の謄本」の送達があった時から３月以内に国際事務局へ納付しなければならず（商標法施行規則第15条の２）、期間内に納付されれば、日本国特許庁が商標権の設定登録を行う。

　なお、日本がマドリッド協定議定書に加盟した平成11年当時は、マドリッド協定議定書上、一括納付のみが採用されていたが、一部締約国の提案により平成13年に一括納付と二段階納付の選択制が採用された。これを受け、日本においては、高額な手数料を出願時に一括納付するという出願人の負

担の軽減も考慮し、平成14年の法改正によって一括納付から二段階納付に移行した。

② 国際商標登録出願における登録査定の謄本の送達

　商標登録出願について商標登録をすべき旨の査定（以下この章において「登録査定」という。）がなされた場合、特許庁長官は、登録査定の謄本を出願人に送達しなければならない（商標法第17条で準用する特許法第52条第2項）。そして、出願人が在外者であって国内代理人（商標管理人）がないときは、書類を航空扱いとした書留郵便等に付して発送することができ（商標法第77条第5項で準用する特許法第192条第2項）、その発送の時に送達があったものとみなされる（商標法第77条第5項で準用する特許法第192条第3項）。

　国際商標登録出願は、国際登録日（事後的な領域指定の場合はその記録の日）にされた商標登録出願とみなされる（商標法第68条の9）ことから、登録査定がなされた場合、日本国特許庁は、「登録査定の謄本」を海外の出願人（国内代理人がいる場合には当該代理人）に送達する（商標法第77条第5項で準用する特許法第192条第2項）とともに、ＷＩＰＯ国際事務局経由で海外の出願人に「保護を与える旨の声明」を電子的に通知している（標章の国際登録に関するマドリッド協定の議定書に基づく規則（以下「議定書に基づく規則」という。）第18規則の3）。

(2) 改正の必要性

① 二段階納付を採用していることにより生じている課題

　平成13年以降、マドリッド協定議定書の各締約国は個別手数料の徴収方法として一括納付と二段階納付とが選択可能になった一方で、その後も一括納付を採る国が主流であり、二段階納付を採用する国は、現在、締約国108か国のうち日本、ブラジル及びキューバの3か国のみである（令和3年5月現在）。大多数の締約国と異なり、日本が二段階納付を採用してい

ることにより、第二段階目の納付手続は、海外の出願人にとって他の締約
国への手続と比して追加的な手続負担となっているとともに、大多数の締
約国が一括納付を採用していることから、出願人が第二段階目の納付手続
をし損ない、出願がみなし取下げとなる事例が年間約700件程度生じてい
る。

　加えて、個別手数料はＷＩＰＯ国際事務局が徴収し締約国に送金してい
るため、ＷＩＰＯ国際事務局において、第二段階目の個別手数料の納付に
関する事務負担が生じている。

② 　登録査定の謄本の送達についての課題
　令和２年初頭からの新型コロナウイルス感染症の拡大に伴い、一部の外
国について国際郵便の引受けが停止され、日本国特許庁から海外の出願人
に対する「登録査定の謄本」の送達が滞った。これにより、商標登録の要
件を満たしている国際商標登録出願の商標権について設定登録が遅れ、海
外の出願人が不利益を受けるという事態が生じた。

２．改正の概要

⑴　個別手数料の納付方法の変更
　上記の状況を踏まえ、国際商標登録出願に係る個別手数料の納付につい
て、二段階納付方式から、一括納付方式に変更することとした。

⑵　登録査定の謄本の送達方法の見直し
　上記の状況を踏まえ、登録査定に記載されている事項を、ＷＩＰＯ国際
事務局を経由して「保護を与える旨の声明」とともに、海外の出願人に電
子的に通知することをもって、国際商標登録出願に係る「登録査定の謄本」
の送達に代えることができるようにすることとした。

[国際商標登録出願に係る料金納付及び登録査定の通知手続]

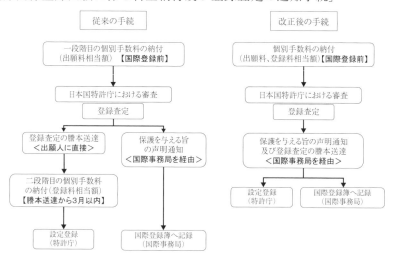

3．改正条文の解説

(1) 個別手数料の納付方法の変更
◆商標法第68条の30第１項

（国際登録に基づく商標権の個別手数料）

第六十八条の三十　国際登録に基づく商標権の設定の登録を受けよう
　　とする者は、議定書第八条(7)(a)に規定する個別の手数料（以下「個
　　別手数料」という。）として、一件ごとに、六千円を超えない範囲
　　内で政令で定める額に一の区分につき四万七千九百円を超えない範
　　囲内で政令で定める額を加えた額に相当する額を国際登録前に国際
　　事務局に納付しなければならない。
　一　（削る）
　二　（削る）
　2　（削る）

110

3　（削る）

4　（削る）

<u>2・3</u>　（略）

　商標法第68条の30は、国際登録に基づく商標権についての個別手数料に関して規定したものであり、出願料相当分と登録料相当分の個別手数料を、国際出願時と指定国における商標権の付与（設定登録）時に分けて納付させる二段階納付方式から、国際出願時に個別手数料の全費用を納付する一括納付方式に変更する改正を行った。

　第1項は、国際登録に基づく商標権の設定の登録を受けようとする者が、ＷＩＰＯ国際事務局に納付すべき個別手数料の額を定めたものである。個別手数料の出願料相当分及び登録料相当分の額をそれぞれ定めた同項第1号及び第2号を削り、平成14年改正前と同様に、これらの手数料を国際登録前にＷＩＰＯ国際事務局にまとめて納付する旨を規定した。

　第1項の料金の額は、本改正で、設定登録料の上限額を法定し、実際の納付額は政令に委任することとしたことを受け（第5章「特許料等の料金改定」参照）、個別手数料の金額についても、上限額を法定し、実際に納付する金額は政令に委任することとした。なお、日本で商標権取得ができなかった場合においても、国際標準に合わせて個別手数料の返還請求制度は設けない。

　本改正前の第2項は、第一の部分の個別手数料は国際登録前に、第二の部分の個別手数料は経済産業省令で定める期間内（商標登録をすべき旨の査定又は審決の謄本の送達があつた日から3月以内）に納付しなければならないと規定していたが、本改正により、第1項において、個別手数料を国際登録前に一括で納付することを規定したことを受け本項は削除した。

　改正前の第3項は、第二の部分の個別手数料の納付期限をＷＩＰＯ国際事務局に対して通知する特許庁長官の義務を規定しており、改正前の第4項は、第二の部分の個別手数料が適切な期間内に支払われなかった結果、

その基礎とした国際登録が国際登録簿から取り消された〈議定書に基づく規則第34規則(3)(d)〉場合には、国際商標登録出願が取り下げられたものとみなす旨を規定していたが、個別手数料の納付を国際出願前にまとめて行うこととしたことから、これらの項についても削除した。

　なお、現行の第5項及び第6項は、本改正後の第2項及び第3項となる。

【関連する改正事項】
◆商標法第68条の19第1項

（商標権の設定の登録の特例）

第六十八条の十九　国際商標登録出願についての第十八条第二項の規定の適用については、同項中「第四十条第一項の規定による登録料又は第四十一条の二第一項の規定により商標登録をすべき旨の査定若しくは審決の謄本の送達があつた日から三十日以内に納付すべき登録料の納付があつたときは」とあるのは、<u>「商標登録をすべき旨の査定又は審決があつた</u>ときは」とする。

2　（略）

　商標法第68条の19第1項は、国際商標登録出願についての商標権の設定の登録の特例について規定したものである。

　個別手数料の二段階納付方式の下では、登録料相当分の個別手数料がWIPO国際事務局に納付され、その旨を国際登録簿に記録した旨の通報がWIPO国際事務局からあったときに商標権の設定登録をしていた。本改正により、登録料相当分は国際登録前に出願料相当分と一括で納付されることになるから、平成14年改正前の規定と同様に、「商標登録をすべき旨の査定又は審決があったとき」に商標権の設定登録をすることとした。

◆商標法第68条の35

> **（商標権の設定の登録の特例）**
> 第六十八条の三十五　第六十八条の三十二第一項又は第六十八条の
> 　三十三第一項の規定による商標登録出願については、当該出願に係
> 　る国際登録の国際登録の日（国際登録の存続期間の更新がされてい
> 　るときは、直近の更新の日）から十年以内に商標登録をすべき旨の
> 　査定又は審決があつたときは、第十八条第二項の規定にかかわらず、
> 　商標権の設定の登録をする。

　商標法第68条の35は、セントラルアタック後の再出願（第68条の32第１項）[8]又は議定書廃棄後の再出願（第68条の33第１項）の規定による商標登録出願についての商標権の設定の登録の特例について規定したものである。具体的には、国際登録を10年間維持するのに必要な個別手数料を既に支払った場合に講じられる救済措置について規定している。

　二段階納付方式の下では、救済措置が認められるためには、①「十年以内に商標登録をすべき旨の査定又は審決があつた」という要件とともに、②「セントラルアタックによる国際登録が取り消された日前又は議定書廃棄の効力が生じた日前に68条の30第１項第２号に掲げる額の個別手数料がＷＩＰＯ国際事務局に納付されている」ことを要したが、登録料相当分の個別手数料（改正前商標法第68条の30第１項第２号に掲げる手数料）は、既に国際登録前に納付されているのだから、平成14年改正前と同様に、設定登録の特例の要件を①のみにしたものである。

8　国際登録の日から５年以内に本国官庁における基礎出願が拒絶、取下げ若しくは
　放棄又は基礎登録が無効若しくは取消しとなった場合には、国際登録も取り消され
　る（通常、このような事態をセントラルアタックと称している。）。この場合、国際
　登録の名義人であった者は、救済措置として各指定国における国際登録を国内出願
　へ変更することができる。

(2)　登録査定の謄本の送達方法の見直し

◆商標法第68条の18の２第１項及び第２項（新設）

（商標登録の査定の方式の特例）

第六十八条の十八の二　国際商標登録出願についての第十七条において準用する特許法第五十二条第二項の規定の適用については、特許庁長官は、査定（第十六条の規定による商標登録をすべき旨の査定に限る。）に記載されている事項を、経済産業省令で定めるところにより、国際事務局を経由して国際登録の名義人に通知することをもつて、第十七条において準用する同項の規定による当該査定の謄本の送達に代えることができる。

２　前項の場合において、同項の規定による通知が国際登録簿に記録された時に、同項に規定する送達があつたものとみなす。

　第68条の18の２を新設し、国際商標登録出願についての登録査定の方式の特例について規定している。

　第１項は、日本国特許庁から出願人に対する「登録査定の謄本」の送達を、ＷＩＰＯ国際事務局を経由して出願人宛てに行う「保護を与える旨の声明」と合わせて通知することを可能にすることとした。

　第２項は、第１項によりＷＩＰＯ国際事務局を経由して登録査定に記載した事項を通知した場合に、商標権の設定登録の前提となる登録査定の効力発生の時点（すなわち、「登録査定の謄本」の送達時点）を明確にし、その後の設定登録を円滑に行う必要があることから規定している。「保護を与える旨の声明」を受理したＷＩＰＯ国際事務局は、その内容を国際登録簿に記録する義務があり〈議定書に基づく規則第18規則の３(5)〉、出願人及び日本国特許庁ともにＷＩＰＯ国際事務局のウェブサイト上で公開される国際登録簿の記録に対してアクセスすることによりその内容を了知できることから、国際登録簿への記録をもって「登録査定の謄本」の送達が

あったものとみなすこととした。

4．施行期日及び経過措置

(1)　施行期日

　改正法の公布の日から起算して2年を超えない範囲内において政令で定める日から施行することとした（改正法附則第1条第5号）。

(2)　経過措置

◆改正法附則第5条第7項〜第10項

（商標法の一部改正に伴う経過措置）

第五条　（略）

2〜6　（略）

7　第五号施行日前に第五条の規定による改正前の商標法第六十八条の三十第一項第一号に規定する個別手数料を納付した者又は納付すべきであった者についての同号及び同項第二号に規定する個別手数料については、第五号改正後商標法第六十八条の三十第一項の規定にかかわらず、なお従前の例による。

8　前項の規定によりその個別手数料についてなお従前の例によることとされた国際登録に係る国際商標登録出願についての査定の方式については、第五号改正後商標法第六十八条の十八の二の規定にかかわらず、なお従前の例による。

9　第七項の規定によりその個別手数料についてなお従前の例によることとされた国際登録に係る国際商標登録出願についての商標権の設定の登録については、第五号改正後商標法第六十八条の十九第一項の規定にかかわらず、なお従前の例による。

10　第七項の規定によりその個別手数料についてなお従前の例によ

ることとされた国際登録に係る商標法第六十八条の三十二第一項
又は第六十八条の三十三第一項の規定による商標登録出願につい
ての商標権の設定の登録については、第五号改正後商標法第
六十八条の三十五の規定にかかわらず、なお従前の例による。

11　（略）

　第7項において、改正法の施行日前に改正前の商標法第68条の30第1項
第1号に規定する個別手数料を納付した者又は納付すべきであった者につ
いての、同号及び同項第2号に規定する個別手数料については、改正後の
商標法第68条の30第1項の規定にかかわらず、改正前の商標法の規定を適
用することとした。

　また、第8項から第10項において、第7項の規定により、改正前の商標
法の規定を適用することとされた国際商標登録出願についての、改正後の
商標法第68条の18の2（商標登録の査定の方式の特例）、第68条の19第1
項（商標権の設定の登録の特例）及び第68条の35（商標権の設定の登録の
特例）についても、改正前の商標法の規定を適用することとした。

116

第10章　海外からの模倣品流入に対する規制の強化

1．改正の必要性

(1)　従来の制度

①　商標法における商標権の侵害

　商標法上、商標権を有する者（商標権者）は、指定商品又は指定役務（以下「指定商品等」という。）について、登録「商標」を「使用」（商標法第2条第3項）する権利を専有しており（同法第25条）、権原なく指定商品等について登録「商標」を「使用」する行為には、商標権の侵害（直接侵害）が成立する。また、商標法は、指定商品等に登録商標と類似の商標を使用する行為及び指定商品等に類似する商品・役務に登録商標と同一・類似の商標を使用する行為（同法第37条第1号）、並びに商標権の直接侵害の予備的行為（同法第37条第2号以下）を侵害とみなす旨を規定している。この「使用」及び侵害とみなす行為の一類型として「輸入」があり、模倣品（権原なく登録商標と同一のマークを指定商品に付したもの等）を「輸入」する行為には商標権の侵害が成立し得る。

　もっとも、「商標」とは、標章（マーク）のうち、「業として」商品を譲渡等する者（以下「事業者」という。個人事業主を含む。）が商品・役務について「使用」するものをいうことから（同法第2条第1項第1号及び第2号）、事業者でない者（以下「個人」という。）が使用するマークは「商標」に該当せず、商標権の侵害は成立しない。

　そのため、個人が、模倣品を個人的に使用する目的（以下「個人使用目的」という。）で輸入する行為は、「商標」の使用等に該当せず、商標権の侵害が成立しない。

② 意匠法における意匠権の侵害

　意匠法上、意匠権を有する者（意匠権者）は「業として」登録意匠及び
これに類似する意匠（以下「登録意匠等」という。）を「実施」（意匠法第
2条第2項）する権利を専有しており（同法第23条）、権原なく「業として」
登録意匠等を実施する行為には、意匠権の侵害（直接侵害）が成立する。
また、意匠法は、意匠権の直接侵害の予備的行為を侵害とみなす旨を規定
している（同法第38条各号）。この「実施」及び侵害とみなす行為の一類
型として「輸入」があり、権原なく登録意匠に係る物品を「輸入」する行
為には意匠権の侵害が成立し得る。

　個人による登録意匠等に係る物品を輸入する行為は「実施」等には該当
するものの、個人使用目的の場合は、「業として」行うものに該当せず、
意匠権の侵害が成立しない。

③ 知的財産権を侵害する物品と税関における取締り

　税関において、知的財産権の侵害品の取締りを実効的に行うため、知的
財産権を侵害する物品は、関税法に基づく没収等の対象とされている（関
税法第69条の11第1項第9号及び第2項）。

　もっとも、上記のとおり、従来の制度では、個人使用目的で模倣品を輸
入する行為には商標権及び意匠権の侵害が成立しないことから、こうした
輸入に係る物品は、関税法に基づく没収等の対象とならない。

(2) 改正の必要性

① 商標法上の課題

　模倣品の越境取引において、国内に事業者（輸入・販売業者）が介在す
る場合には、当該事業者による模倣品の「輸入」に商標権の侵害が成立し、
税関で模倣品を没収等することが可能である[9]。

　一方、近年、電子商取引の発展や国際貨物に係る配送料金の低下等により、
国内の事業者が介在しない事例、すなわち海外の事業者が、国内の個人に

118

対し、少量の模倣品を郵便等で直接販売し、送付する事例が急増している。この場合において、国内の個人の行為については商標権の侵害は成立せず、また、現行法では海外の事業者の行為に商標権の侵害が成立するか否かは明らかでないことから[10]、税関において模倣品を没収等することができない。

実務上、税関における没収の前提として、税関長が知的財産侵害物品に該当するか否かを認定するための手続〈以下、「認定手続」という。（関税法第69条の12)〉を執ることとされているが、当該手続において、輸入者が、「個人使用目的」を主張した場合、個人使用目的でないとは認められず商標権侵害物品として没収等することができない場合がある。近年、このような模倣品の個人使用目的の輸入が急増しており、模倣品の国内への流入増加に歯止めをかけることができていない。

②　意匠法上の課題

意匠法についても、令和2年に意匠権を侵害するとして没収等の対象とされた物品がいずれも個人への直接販売が想定される物品（イヤホン、美容用ローラー等）であり、今後、個人使用目的でこれらが輸入される例の増加が高度に予見されること、新型コロナウイルス感染症による生活様式の変化や今後の電子商取引の発展、国際貨物に係る配送料金の低下等が進めば尚更増加が予想されることに鑑み、商標法と同様の改正を行うことが適切と考えられた。

9　令和2年、産業財産権を侵害する物品の輸入に係る税関での没収等の実績は、件数ベースで2万9922件（特許権116件、意匠権323件、商標権2万9483件）、点数ベースで51万5989点（特許権4万523点、意匠権5万8867点、商標権41万6599点）である。
10　「輸入」については、不使用取消審判に係る審決取消訴訟において、海外の事業者が、自己の登録商標を付した製品を日本国内の事業者に宛てて発送した事案において、当該海外の事業者による「輸入」に当たると解釈した裁判例（東京高判平成15年7月14日〈平成14年（行ケ）第346号〉）があるものの、国内の送付先が個人である場合や、侵害事件の場合に、同様の解釈が可能かどうかは明らかでない。

③　欧米の規制状況

　EUにおいては、2014年の欧州連合司法裁判所の司法判断（CJEU, C-98/13 Blomqvist／Rolex [6 Feb. 2014]）がなされて以降、EU域外の事業者がEU域内の者に宛てて送付した模倣品について、当該事業者の行為に商標権侵害が成立するものと解釈し、税関差止めの対象とされている。

　米国においては、模倣品の輸入は、米国商標法上、関税法で定める場合（携帯品であって、関税法施行規則で定める数量等の制限の範囲内）を除き禁止されており、こうした規制に反して輸入される模倣品は、商標権侵害を構成するものとして税関差止めの対象とされている。

２．改正の概要

　外国にある者が、郵送等により、商品等を国内に持ち込む行為を商標法及び意匠法における「輸入」行為に含むものと規定することにより、当該行為が事業者により権原なく行われた場合に規制対象となることを明確化することとした。

３．改正条文の解説

◆商標法第２条第７項

（定義等）

第二条　（略）

2～6　（略）

7　この法律において、輸入する行為には、外国にある者が外国から日本国内に他人をして持ち込ませる行為が含まれるものとする。

120

◆意匠法第２条第２項

> （定義等）
>
> 第二条　（略）
>
> 2　（略）
>
> 　一　意匠に係る物品の製造、使用、譲渡、貸渡し、輸出若しくは輸
> 　　入（外国にある者が外国から日本国内に他人をして持ち込ませる
> 　　行為を含む。以下同じ。）又は譲渡若しくは貸渡しの申出（譲渡
> 　　又は貸渡しのための展示を含む。以下同じ。）をする行為
>
> 　二・三　（略）
>
> 3　（略）

(1)　基本的内容

　商標法第２条第７項において、外国にある者が外国から日本国内に他人をして持ち込ませる行為を、商標法上の「輸入」行為（同法第２条第３項第２号等）に含まれるものとする解釈規定を新設し、また、意匠法第２条第２項第１号において、同様の行為を、意匠法上の「輸入」（同法第２条第２項第１号等）に含む旨を定義において追加した。

　「他人をして持ち込ませる行為」とは、配送業者等の第三者の行為を利用して外国から日本国内に持ち込む行為（例えば、外国の事業者が、通販サイトで受注した商品を購入者に届けるため、郵送等により日本国内に持ち込む場合が該当する。）をいう。なお、第三者の行為を利用することなく、自ら携帯品として日本国内に持ち込む行為（ハンドキャリー）は、本改正前から「輸入」行為に該当すると解されており、事業性のある場合には商標権又は意匠権の侵害が成立し得る。

(2) 行為の対象範囲

本改正は、「外国にある者」を主体とする行為を定めるものであるが、その行為のうち日本国内に到達する時点以降を捉え、国内における行為として規定するものであり、日本の領域外における行為（外国における発送等）は規制対象に含まれない。そのため、日本の商標権等の効力をその領域外に及ぼすものではなく、属地主義に反するものではない。

(3) 「輸入」行為を含むその他の条文

商標法上の「輸入」行為を含むその他の条文（商標法第26条第3項、第37条、第67条及び第74条）についても同様の解釈となるよう、新設する同法第2条第7項において、「この法律において、」と規定した。また、意匠法上「輸入」を含むその他の条文（意匠法第2条第2項第1号、第38条、第44条の3及び第55条）についても、同じ趣旨から、同法第2条第2項第1号において、「以下同じ。」と規定した。

4．施行期日及び経過措置

(1) 施行期日

改正法の公布の日から起算して1年6月を超えない範囲において政令で定める日から施行することとした（改正法附則第1条第4号）。

(2) 経過措置

◆改正法附則第4条第1項

（意匠法の一部改正に伴う経過措置）

第四条 第三条の規定（附則第一条第四号に掲げる改正規定に限る。）による改正後の意匠法第二条第二項、第三十八条、第四十四条の三

及び第五十五条の規定は、同号に掲げる規定の施行の日（以下この項及び次条第一項において「第四号施行日」という。）以後にした行為について適用し、第四号施行日前にした行為については、なお従前の例による。

２～６　（略）

◆改正法附則第５条第１項

（商標法の一部改正に伴う経過措置）

第五条　第四条の規定（附則第一条第四号に掲げる改正規定に限る。）による改正後の商標法第二条第三項及び第七項、第二十六条第三項、第三十七条、第六十七条並びに第七十四条の規定は、第四号施行日以後にした行為について適用し、第四号施行日前にした行為については、なお従前の例による。

２～11　（略）

　本改正が、改正法の施行後にした行為から適用されることを確認的に規定したものである。これは、輸入に含まれるものとした行為が、民事上の差止めや損害賠償の請求の対象となること等を踏まえ、改正法施行後の行為から侵害行為等となることを明確にするためである。

第11章 特許料等の支払手段の見直し

I. 特許印紙予納の廃止

1. 改正の必要性

(1) 従来の制度

　特許印紙による支払方法については、出願等の各手続を行う際に、その手続書面に特許印紙を貼付する方法と、将来納付すべき見込額をあらかじめ特許印紙をもって納めておき、その後の各手続に係る特許料等又は手数料について、当該予納額から引き落とす「予納制度」がある（工業所有権に関する手続等の特例に関する法律（以下「特例法」という。）第14条及び第15条）。

　この予納制度は、平成2年のオンライン出願の開始に併せて導入されたものであり、オンラインでの手続においては、特許印紙の貼付は物理的に不可能であるため、これに代わる料金の納付方法として、手続をする者の便宜の向上及び特許庁の事務効率の向上の観点を踏まえ導入されたものである。

　また、平成14年には、特許印紙を介さず、現金による予納を可能とする旨の規定を追加した（特例法第14条第2項ただし書）が、予納された現金は国の「歳入金」とは扱わず、各省庁において保管する「保管金」であったため、歳入金とは別に保管金を管理する事務等が極めて煩雑となり、現金による予納の実施に当たって必要な省令を整備しないこととしていた。

(2) 改正の必要性

現状の予納制度として機能しているのは、特許印紙による予納のみである

ところ、当該予納のためだけに、郵便局等で多額の特許印紙を購入し、多量の特許印紙を書面に貼り付けて特許庁に納付する事務は、手続をする者においても、特許印紙を受け入れる特許庁においても事務負担が大きい。

また、令和２年初頭からの新型コロナウイルス感染症の拡大に起因し、予納制度を始めとする特許関係手続をデジタル化する必要性が生じた。

２．改正の概要

予納された現金を歳入金として収納可能となるよう必要な規定を整備するとともに、特許印紙予納制度を廃止し、現金予納制度に一本化することとした。

３．改正条文の解説

◆工業所有権に関する手続等の特例に関する法律第14条第１項及び第２項

（予納による納付）

第十四条　特許法第百七条第一項の特許料若しくは同法第百十二条第二項の割増特許料その他工業所有権に関する登録料若しくは割増登録料（以下「特許料等」という。）又は第四十条第一項、特許法第百九十五条第一項から第三項まで、実用新案法第五十四条第一項若しくは第二項、意匠法第六十七条第一項若しくは第二項、商標法第七十六条第一項若しくは第二項若しくは国際出願法第八条第四項、第十二条第三項若しくは第十八条第一項若しくは第二項の手数料（経済産業省令で定める手続について納付すべきものに限る。以下この章において同じ。）を納付しようとする者は、経済産業省令で定めるところによりあらかじめ特許庁長官に届け出た場合に限り、当該特許料等又は手数料を予納することができる。

> 2　前項の規定による予納は、経済産業省令で定めるところにより、現金をもってしなければならない。
>
> 3・4　（略）

　特例法第14条第1項において、現金による予納を、歳入金として収納することを可能とするため、予納が見込額である旨の規定を廃止する。具体的には、保管金ではなく、歳入金の納付である旨を明確化するため、「見込額」の文言を削除し、条見出しを「予納による納付」に改めることとした。

　また、特例法第14条第2項において、本改正前においては、特許印紙による予納が原則である旨を規定していたが、特許印紙による予納を廃止し現金による予納のみとするため、「現金をもってしなければならない」と改め、ただし書を削除することとした。

◆工業所有権に関する手続等の特例に関する法律第15条第1項～第4項

> 第十五条　前条第一項の規定により予納をした者（以下「予納者」という。）が、経済産業大臣、特許庁長官、審判長又は審査官に対する特許等関係法令の規定による手続に際し、経済産業省令で定めるところにより申出をしたときは、その予納者に係る予納額（同項の規定により予納した額からこの項の規定により納付されたものとみなされた特許料等若しくは手数料の額を控除し、又は次項の規定による返還すべき額に相当する金額を加算したときは、当該控除又は加算をした後の額。以下この条において同じ。）の範囲内において、当該手続に係る特許料等又は手数料が納付されたものとみなす。ただし、当該予納者のした予納届がその効力を失った後は、この限りでない。
>
> 2　特許庁長官は、前項の規定により手続に係る申出をした者（以下

「申出者」という。）が、特許等関係法令の規定による当該特許料等
又は手数料の返還の請求に際し、経済産業省令で定めるところによ
り申出をしたときは、その申出者が予納した予納額に、返還すべき
額に相当する金額を加算することをもって当該返還に代えるものと
する。

3　予納者が予納した予納額に残余に相当する額があるときは、当該
残余に相当する額は、当該予納者の請求により返還する。

4　前項の規定による残余に相当する額の返還は、特許庁長官から当
該予納者のした予納届がその効力を失った旨の通知を受けた日から
六月を経過した後は、請求することができない。

特許法上において特許料等及び手数料は、手続と納付を同時に行うこと
とされている。しかしながら、予納制度においては、まとめて納付された
予納の後に行われる個々の手続に係る特許料等又は手数料の相当額を当該
予納額から充当することとなる。この場合、予納時点で行われたと観念さ
れる特許料等又は手数料の納付と、納付に係る手続とが異なる時点で行わ
れることとなり、納付に係る手続時点において、納付が行われたものとし
て取扱う必要がある。このため、特例法第15条第1項において、個々の手
続に係る特許料等又は手数料について申出をしたときは、予納額の範囲内
において、当該手続に係る特許料等又は手数料が納付されたものとみなす
規定を置き、特例法第15条第2項においてそれに伴う技術的な改正を行う
こととした。また、第15条第3項及び第4項において予納額の返還手続に
ついて規定しており、本改正により予納の時点で歳入として扱うと、「残余」
が観念できなくなるため、残余「に相当する額」と改めることとした。

◆工業所有権に関する手続等の特例に関する法律第16条

（代理人への準用）

第十六条　第十四条から前条までの規定は、特許料等又は手数料の納付をする者の委任による代理をしようとする者がその委任事務を処理するために自己の名においてする予納、口座振替による納付又は指定立替納付者による納付に準用する。この場合において、第十五条第一項中「予納をした者」とあるのは「予納をした代理人であって本人のために<u>申出をする者</u>」と、同条第二項中「<u>申出をした者（以下「申出者」という。）が</u>」とあるのは「<u>申出</u>をした者（以下「<u>申出者</u>」という。）が本人のために<u>手続に係る申出をした代理人である場合において、本人が</u>」と、第十五条の二第一項及び前条第一項中「当該特許料等又は手数料を納付しようとする者から」とあるのは「代理人であって本人のために当該特許料等又は手数料を納付しようとする者から」と読み替えるものとする。

　特例法第16条は、第14条から第15条の３までの規定について、代理人に適用するための読替規定である。本特例法第15条の改正に伴い、引用している文言を改めることとした。

４．施行期日及び経過措置

⑴　施行期日

　改正法の公布の日から起算して６月を超えない範囲内において政令で定める日（令和３年10月１日）から施行することとした（改正法附則第１条第３号）。

(2) 経過措置

◆改正法附則第６条第１項及び第２項

（工業所有権に関する手続等の特例に関する法律の一部改正に伴う経過措置）

第六条　第六条の規定（附則第一条第三号に掲げる改正規定に限る。）による改正前の工業所有権に関する手続等の特例に関する法律（以下この条において「第三号改正前特例法」という。）第十四条第一項及び第二項本文並びに第十六条（第三号改正前特例法第十四条第一項及び第二項本文に係る部分に限る。）の規定は、第三号施行日から起算して二年を超えない範囲内において政令で定める日までの間は、なおその効力を有する。

2　第三号改正前特例法第十四条第一項及び第二項本文（第三号改正前特例法第十六条において準用する場合を含む。）の規定並びに前項の規定によりなおその効力を有するものとされるこれらの規定により予納をした場合については、第三号改正前特例法第十四条第三項及び第四項、第十五条並びに第十六条の規定は、なおその効力を有する。この場合において、同条中「第十四条から前条まで」とあるのは「特許法等の一部を改正する法律（令和三年法律第号）附則第六条第二項の規定によりなおその効力を有することとされた同法第六条の規定（同法附則第一条第三号に掲げる改正規定に限る。）による改正前の第十四条第三項及び第四項並びに第十五条」と、「予納、口座振替による納付又は指定立替納付者による納付」とあるのは「予納」と、「第十五条第一項」とあるのは「同条第一項」と、「、第十五条の二第一項及び前条第一項中「当該特許料等又は手数料を納付しようとする者から」とあるのは「代理人であって本人のために当該特許料等又は手数料を納付しようとする者から」と読み替える」とあるのは「読み替える」とする。

　改正法の施行と同時に特許印紙による予納の受入を一律に停止することは、既に特許印紙を購入している利用者への周知期間等の観点から適切ではなく、改正法施行の日から一定の期間は、引き続き特許印紙による予納の受入れを可能とすることとした。また、改正法施行前又は経過措置期間中に特許印紙によりなされた予納の扱いについては、利用者の利便性及び返還手続に係る事務負担の観点から、改正法を適用すべきでないことから、当該期間中に特許印紙によりなされた予納については、引き続き改正前と同じ条件で、予納した額からの特許料・手数料等の支払、予納届の失効、失効後の返還請求に係る各手続を行うことができることとした。

　具体的には、附則第6条第1項において、特許印紙による予納を定めた特例法第14条第1項及び第2項本文並びに代理人による予納について定めた第16条（改正前の特例法第14条第1項及び第2項本文に係る部分に限る。）の規定について、施行日から2年を超えない範囲で政令で定める日まで、なおその効力を有することとした。

　加えて、附則第6条第2項において、改正前の特例法又は前項の規定に基づき予納をした場合には、特許印紙による予納の残高からの手数料の支払や、予納が4年以上使用されていない場合の返還請求等を規定する特例法第14条第3項及び第4項、第15条並びに第16条の規定について、なおその効力を有することとし、さらに、特例法第16条について、読替規定にて引用している文言を改める技術的な修正を行うこととした。

Ⅱ. 書面手続における支払手段の拡充

1. 改正の必要性

(1) 従来の制度

　特許料等及び手数料の納付については、特許印紙又は現金をもって納付することとされている（特許法第107条第5項及び第195条第8項等）。

この点、特許庁へのオンライン手続を行う場合については、特許印紙の貼付による方法は物理的に不可能であることから、口座振替による納付及び指定立替納付（クレジットカード会社等の指定事業者による立替納付）について、現金による納付と位置付けた上で電子的に行うものとしている（特例法第15条の２及び第15条の３）。

一方で、窓口での書面手続に係る特許料等又は手数料の納付手段については、特許印紙による予納（特例法第14条）、特許印紙及び現金の納付済証の貼付並びに電子現金の納付番号の記載に限られている。なお、本章「１．改正の必要性」で述べたとおり、特許印紙による予納を廃止し、本改正によって、現金による予納となる。

⑵　改正の必要性

特許関係手続のデジタル化や利用者利便性の向上、行政事務の簡素化等の観点を踏まえ、窓口での書面手続における支払手段を拡充する必要がある。

２．改正の概要

指定立替納付者による納付について、窓口での書面手続における支払手段として利用を可能とすることとした。

３．改正条文の解説

◆工業所有権に関する手続等の特例に関する法律第15条の３第１項

（指定立替納付者による納付）

第十五条の三　特許料等又は手数料を現金をもって納めることができる場合において、特許庁長官は、当該特許料等又は手数料を納付し

> ようとする者から、当該特許料等又は手数料を立て替えて納付する
> 事務を適正かつ確実に遂行するに足りる財産的基礎を有することその
> 他の経済産業省令で定める要件に該当する者として特許庁長官が
> 指定するもの（次項及び次条において「指定立替納付者」という。）
> をして当該特許料等又は手数料を立て替えて納付させることを希望
> する旨の申出があった場合には、その申出を受けることが特許料等
> 又は手数料の収納上有利と認められるときに限り、その申出を受け
> ることができる
>
> 2　（略）

　特例法第15条の3第1項は、指定立替納付者による納付を規定している
ところ、当該者が特許料等又は手数料を立て替えることに係る申出につい
て、「電子情報処理組織を使用して行うものに限る」としてオンライン手
続に限定しているところ、これを削除することとした。

4．施行期日及び経過措置

⑴　施行期日

　改正法の公布の日から起算して1年を超えない範囲において政令で定め
る日（令和4年4月1日）から施行することとした（改正法附則第1条）。

⑵　経過措置

　経過措置は定めていない。

第12章　弁理士法の改正

Ⅰ．農林水産知財業務の追加

1．改正の必要性

(1)　従来の制度

　弁理士法第4条から第6条の2までは、知的財産に関する業務を行う国家資格者である弁理士が、その資格を根拠として行う業務を規定している。

　弁理士がこれらの業務を行う際には、信用失墜行為の禁止（弁理士法第29条）や守秘義務（弁理士法第30条）等の弁理士法上の義務が課されることとなり、これに違反した弁理士は懲戒処分の対象となる（弁理士法第32条）。また、特許業務法人（本改正後は弁理士法人）が法人として取り扱うことのできる業務は、弁理士法第4条から第6条の2までに規定する業務のみである。

(2)　改正の必要性

　近年、政府方針として、農林水産品の輸出拡大が掲げられている一方で、日本産の農林水産品に関する知的財産権が、海外で適切に保護されていない事案が多発している。

　農林水産品の更なる輸出拡大のためには、一般品種にない優良な特性（良食味、栽培適正等）を有する「植物の新品種」や、伝統的な生産方法や気候・風土・土壌などの生産地等の特性を持ち、品質、社会的評価その他の確立した特性が産地と結びついている産品の名称を示す「地理的表示」といった、農林水産品関連の知的財産（以下「農水知財」という。）を適切に保護することが重要である。

また、「植物の新品種」や「地理的表示」に加え、収穫や加工に係る技術を保護する特許権や、加工品のマークを保護する商標権と組み合わせることで農水知財を保護することが重要である。

　農林水産関係者がこれらの知的財産権の保護に取り組む際、知的財産に係る専門的知識を有する弁理士が相談に応ずる者として相応しいが、従来の制度上、弁理士は農水知財に関する業務について、弁理士の資格を根拠に実施することができない。そのため、農林水産業関係者から弁理士に相談を持ちかけても拒否される等の事例が生じている。

　加えて、農水知財に関する業務を弁理士法において規定することにより、当該業務を扱う際の弁理士の義務が法律上明確化されるため、既に弁理士法上に規定されている他の業務と同様に、信用失墜行為の禁止や守秘義務等の義務が弁理士に課されているという前提の下で、農林水産業関係者は弁理士に当該業務を依頼することができるようになる。

２．改正の概要

　「植物の新品種」及び「地理的表示」に関する業務を弁理士法第４条第３項に追加し、誰もが自由に実施できる業務のうち、弁理士の名をもって行うことができる業務（いわゆる「標榜業務」）として明確に規定することとした。

３．改正条文の解説

(1)　農水知財（植物の新品種・地理的表示）業務の追加
◆弁理士法第４条第３項

（業務）
第四条　（略）

2　（略）

3　弁理士は、前二項に規定する業務のほか、弁理士の名称を用いて、他人の求めに応じ、次に掲げる事務を行うことを業とすることができる。ただし、他の法律においてその業務を行うことが制限されている事項については、この限りでない。

一　（略）

二　外国の行政官庁又はこれに準ずる機関に対する特許、実用新案、意匠、<u>商標、植物の新品種又は地理的表示（ある商品に関し、その確立した品質、社会的評価その他の特性が当該商品の地理的原産地に主として帰せられる場合において、当該商品が特定の場所、地域又は国を原産地とするものであることを特定する表示をいう。次号において同じ。）</u>に関する権利に関する手続（日本国内に住所又は居所（法人にあっては、営業所）を有する者が行うものに限る。）に関する資料の作成その他の事務を行うこと。

三　発明、考案、意匠若しくは商標（これらに関する権利に関する手続であって既に特許庁に係属しているものに係るものを除く。）、回路配置（既に経済産業大臣に対して提出された回路配置利用権の設定登録の申請に係るものを除く。）、<u>植物の新品種</u>、事業活動に有用な技術上の情報（技術上の秘密及び技術上のデータを除く。）<u>又は地理的表示</u>の保護に関する相談に応ずること。

四　（略）

弁理士法第4条第3項第2号において、「外国の行政官庁又はこれに準ずる機関に対する手続に関する資料の作成その他の事務」の対象として、新たに「植物の新品種」及び「地理的表示」を追加することとした。

また、弁理士法第4条第3項第3号において、「保護に関する相談に応ずる」業務の対象として、「植物の新品種」及び「地理的表示」を追加することとした。

なお、「地理的表示」の定義については、特定農林水産物等の名称の保護に関する法律（以下「GI法」という。）第2条及び世界貿易機関を設立するマラケシュ協定附属書一C　知的所有権の貿易関連の側面に関する協定（以下「TRIPS協定」という。）第22条の2種類の用例がある。GI法第2条における「地理的表示」の定義では酒類等に係る表示が除かれているが、今回弁理士法に追加する業務は、酒類等に係る表示に関する業務を含むため、GI法第2条でなくTRIPS協定第22条に倣って規定することとした。

(2)　弁理士の欠格事由の追加
◆弁理士法第8条

（欠格事由）
第八条　次の各号のいずれかに該当する者は、前条の規定にかかわらず、弁理士となる資格を有しない。
　　一・二　（略）
　　三　前二号に該当する者を除くほか、関税法第百八条の四第二項（同法第六十九条の二第一項第三号及び第四号に係る部分に限る。以下この号において同じ。）、第三項（同法第百八条の四第二項に係る部分に限る。）若しくは第五項（同法第六十九条の二第一項第三号及び第四号に係る部分に限る。）、第百九条第二項（同法第六十九条の十一第一項第九号及び第十号に係る部分に限る。以下この号において同じ。）、第三項（同法第百九条第二項に係る部分に限る。）若しくは第五項（同法第六十九条の十一第一項第九号及び第十号に係る部分に限る。）若しくは第百十二条第一項（同法第百八条の四第二項及び第百九条第二項に係る部分に限る。）の罪、著作権法第百十九条から第百二十二条までの罪、半導体集積回路の回路配置に関する法律第五十一条第一項若しくは第

> 五十二条の罪、不正競争防止法第二十一条第一項、第二項第一号
> から第五号まで若しくは第七号（同法第十八条第一項に係る部分
> を除く。）、第三項若しくは第四項の罪、種苗法（平成十年法律第
> 八十三号）第六十七条から第六十九条まで若しくは第七十一条の
> 罪又は特定農林水産物等の名称の保護に関する法律（平成二十六
> 年法律第八十四号）第三十九条若しくは第四十条の罪を犯し、罰
> 金の刑に処せられ、その刑の執行を終わり、又はその刑の執行を
> 受けることがなくなった日から三年を経過しない者
>
> 四～十　（略）

　弁理士法第8条第3号は、弁理士の職責に直接関係する法律上の罰金刑
に処された者は、弁理士となる資格を有しない旨を規定している。そのた
め、本改正によって、弁理士法第4条第3項第2号及び第3号において、「植
物の新品種」及び「地理的表示」に関する業務が追加されるのに伴い、そ
れらを国内法で保護している種苗法、GI法の罰金刑のうち、弁理士の職
責に直接関係するものを、弁理士法第8条第3号の弁理士の欠格事由とし
て追加することとした。

4．施行期日及び経過措置

(1)　施行期日

　改正法の公布の日から起算して1年を超えない範囲内において政令で定
める日（令和4年4月1日）から施行することとした（改正法附則第1条
柱書）。

⑵　経過措置

◆改正法附則第7条第1項

> （弁理士法の一部改正に伴う経過措置）
>
> 第七条　第八条の規定（附則第一条第一号に掲げる改正規定を除く。次項において同じ。）による改正後の弁理士法（以下この条において「改正後弁理士法」という。）第八条第三号の規定（種苗法（平成十年法律第八十三号）及び特定農林水産物等の名称の保護に関する法律（平成二十六年法律第八十四号）に係る部分に限る。）は、施行日以後にした行為により同号に規定する刑に処せられた者について適用する。
>
> 2〜13　（略）

　施行日以後にした行為によって、種苗法又はGI法に規定される罰金刑に処された者については、本改正後弁理士法第8条第3号に基づき弁理士となる資格を有しないこととした。

Ⅱ．法人名称の変更

1．改正の必要性

⑴　従来の制度

　弁理士は、「特許業務法人」の設立をすることができ（弁理士法第37条）、特許業務法人は、その名称中に特許業務法人という文字を使用しなければならない（同法第38条）。なお、「特許業務法人」という名称とした趣旨は、平成12年の法人制度導入時（平成12年4月26日法律第49号）に、弁理士の業務は特許に関するものが典型的であり、より端的に法人の性格を示す観点から用いることとしたことによるものである。

⑵　改正の必要性

　近年、弁理士の出願代理業務のうち、特許出願の割合は低下し続ける一方、商標登録出願の割合が高まってきている。

　加えて、弁理士が実際に行っている業務の範囲も、特許や意匠、商標の出願代理業務に限らず、各知的財産に関するコンサルティング業務や、営業秘密やデータに係る不正競争防止法関連業務等などにまで、制度導入時と比べて大きく拡大しており、特許以外の業務を中心に行う弁理士も現れている。

　一方、「特許業務法人」という法人名称であるが故に、特許業務法人が扱う業務は、特許のみに関連した業務であると過小に解釈する利用者が存在するなど、特許業務法人は特許に限らず知的財産関係の広範な業務を扱えるということが広く認知されていない。

　その結果、従来の「特許業務法人」という名称から利用者が想起する弁理士の業務の範囲と、弁理士が実務として取扱可能であり利用者からの需要がある業務の範囲との乖離が生じており、知的財産全般に関する専門家として弁理士が活用される機会が損なわれている。

２．改正の概要

　弁理士が所属する法人の名称を「特許業務法人」から「弁理士法人」に改めることとした。

3．改正条文の解説（法人名称の変更）

◆弁理士法目次、第２条第７項、第31条第１項、第６章（第37条～第55条）、第56条第２項、第60条第１項、第75条～第77条、第85条第１項

目次

第一章～第五章　（略）

第六章　弁理士法人

第七章～第九章　（略）

（定義）

第二条　（略）

2～6　（略）

7　この法律で「弁理士法人」とは、第四条第一項の業務を行うことを目的として、この法律の定めるところにより、弁理士が設立した法人をいう。

（業務を行い得ない事件）

第三十一条　弁理士は、次の各号のいずれかに該当する事件については、その業務を行ってはならない。ただし、第三号に該当する事件については、受任している事件の依頼者が同意した場合は、この限りでない。

一～五　（略）

六　社員又は使用人である弁理士として弁理士法人の業務に従事していた期間内に、その弁理士法人が相手方の協議を受けて賛助し、又はその依頼を承諾した事件であって、自らこれに関与したもの

七　社員又は使用人である弁理士として弁理士法人の業務に従事していた期間内に、その弁理士法人が相手方の協議を受けた事件で、

その協議の程度及び方法が信頼関係に基づくと認められるものであって、自らこれに関与したもの

第六章　弁理士法人

（設立等）

第三十七条　弁理士は、この章の定めるところにより、弁理士法人を設立することができる。

2　第一条及び第三条の規定は、弁理士法人について準用する。

（名称）

第三十八条　弁理士法人は、その名称中に弁理士法人という文字を使用しなければならない。

（社員の資格）

第三十九条　弁理士法人の社員は、弁理士でなければならない。

2　次に掲げる者は、社員となることができない。

　一　（略）

　二　第五十四条の規定により弁理士法人が解散又は業務の停止を命ぜられた場合において、その処分の日以前三十日内にその社員であった者でその処分の日から三年（業務の停止を命ぜられた場合にあっては、当該業務の停止の期間）を経過しないもの

（業務の範囲）

第四十条　弁理士法人は、第四条第一項の業務を行うほか、定款で定めるところにより、同条第二項及び第三項の業務の全部又は一部を行うことができる。

第四十一条　前条に規定するもののほか、弁理士法人は、第五条から第六条の二までの規定により弁理士が処理することができる事務を当該弁理士法人の社員又は使用人である弁理士（第六条の二に規定する事務に関しては、特定侵害訴訟代理業務の付記を受けた弁理士に限る。以下「社員等」という。）に行わせる事務の委託を受けることができる。この場合において、当該弁理士法人は、委託者に、当該弁理士法人の社員等のうちからその補佐人又は訴訟代理人を選任させなければならない。

（登記）
第四十二条　弁理士法人は、政令で定めるところにより、登記をしなければならない。
2　（略）

（設立の手続）
第四十三条　弁理士法人を設立するには、その社員になろうとする弁理士が、定款を定めなければならない。
2　（略）
3　会社法（平成十七年法律第八十六号）第三十条第一項の規定は、弁理士法人の定款について準用する。

（成立の時期）
第四十四条　弁理士法人は、その主たる事務所の所在地において設立の登記をすることによって成立する。

（成立の届出）
第四十五条　弁理士法人は、成立したときは、成立の日から二週間以内に、登記事項証明書及び定款を添えて、その旨を経済産業大臣に

届け出なければならない。

（業務を執行する権限）

第四十六条　弁理士法人の社員は、全て業務を執行する権利を有し、
　義務を負う。

（定款の変更）

第四十七条　弁理士法人は、定款に別段の定めがある場合を除き、総
　社員の同意によって、定款の変更をすることができる。

2　弁理士法人は、定款を変更したときは、変更の日から二週間以内
　に、変更に係る事項を経済産業大臣に届け出なければならない。

（法人の代表）

第四十七条の二　弁理士法人の社員は、各自弁理士法人を代表する。

2　前項の規定は、定款又は総社員の同意によって、社員のうち特に
　弁理士法人を代表すべき社員を定めることを妨げない。

3　弁理士法人を代表する社員は、弁理士法人の業務に関する一切の
　裁判上又は裁判外の行為をする権限を有する。

4　（略）

5　弁理士法人を代表する社員は、定款によって禁止されていないと
　きに限り、特定の行為の代理を他人に委任することができる。

（指定社員）

第四十七条の三　弁理士法人は、特定の事件について、一人又は数人
　の業務を担当する社員を指定することができる。

2　（略）

3　指定事件については、前条の規定にかかわらず、指定社員のみが
　弁理士法人を代表する。

4　弁理士法人は、第一項の規定による指定をしたときは、指定事件の依頼者に対し、その旨を書面により通知しなければならない。

5　依頼者は、その依頼に係る事件について、弁理士法人に対して、相当の期間を定め、その期間内に第一項の規定による指定をするかどうかを明らかにすることを求めることができる。この場合において、弁理士法人が、その期間内に前項の規定による通知をしないときは、弁理士法人はその後において、指定をすることができない。ただし、依頼者の同意を得て指定をすることを妨げない。

6　指定事件について、当該事件に係る業務の結了前に指定社員が欠けたときは、弁理士法人は、新たな指定をしなければならない。その指定がされなかったときは、全社員を指定したものとみなす。

7　（新設 p.164参照）

（社員の責任）

第四十七条の四　弁理士法人の財産をもってその債務を完済することができないときは、各社員は、連帯してその弁済の責めに任ずる。

2　弁理士法人の財産に対する強制執行がその効を奏しなかったときも、前項と同様とする。

3　前項の規定は、社員が弁理士法人に資力があり、かつ、執行が容易であることを証明したときは、適用しない。

4　前条第一項の規定による指定がされ、同条第四項の規定による通知がされている場合（同条第六項の規定により指定したものとみなされる場合を含む。次項及び第六項において同じ。）において、指定事件に関し依頼者に対して負担することとなった弁理士法人の債務をその弁理士法人の財産をもって完済することができないときは、第一項の規定にかかわらず、指定社員（指定社員であった者を含む。以下この条において同じ。）が、連帯してその弁済の責めに任ずる。ただし、脱退した指定社員が脱退後の事由により生じた債

務であることを証明した場合は、この限りでない。

5　前条第一項の規定による指定がされ、同条第四項の規定による通知がされている場合において、指定事件に関し依頼者に生じた債権に基づく<u>弁理士法人</u>の財産に対する強制執行がその効を奏しなかったときは、指定社員が、<u>弁理士法人</u>に資力があり、かつ、執行が容易であることを証明した場合を除き、前項と同様とする。

6　前条第一項の規定による指定がされ、同条第四項の規定による通知がされている場合において、指定を受けていない社員が指定の前後を問わず指定事件に係る業務に関与したときは、当該社員は、その関与に当たり注意を怠らなかったことを証明した場合を除き、指定社員が前二項の規定により負う責任と同一の責任を負う。<u>弁理士法人</u>を脱退した後も同様とする。

7　会社法第六百十二条の規定は、<u>弁理士法人</u>の社員の脱退について準用する。ただし、第四項の場合において、指定事件に関し依頼者に対して負担することとなった<u>弁理士法人</u>の債務については、この限りでない。

（社員であると誤認させる行為をした者の責任）

第四十七条の五　社員でない者が自己を社員であると誤認させる行為をしたときは、当該社員でない者は、その誤認に基づいて<u>弁理士法人</u>と取引をした者に対し、社員と同一の責任を負う。

（特定の事件についての業務の制限）

第四十八条　<u>弁理士法人</u>は、次の各号のいずれかに該当する事件については、その業務を行ってはならない。ただし、第三号に規定する事件については、受任している事件の依頼者が同意した場合は、この限りでない。

一～三　（略）

四　第三項各号に掲げる事件として弁理士法人の社員の半数以上の者が関与してはならない事件

2　弁理士法人の社員等は、前項各号に掲げる事件については、自己又は第三者のためにその業務を行ってはならない。

3　弁理士法人の社員等は、当該弁理士法人が行う業務であって、次の各号のいずれかに該当する事件に係るものには関与してはならない。

　　一　社員等が当該弁理士法人の社員等となる前に相手方の協議を受けて賛助し、又はその依頼を承諾した事件

　　二　社員等が当該弁理士法人の社員等となる前に相手方の協議を受けた事件で、その協議の程度及び方法が信頼関係に基づくと認められるもの

　　三・四　（略）

　　五　社員等が当該弁理士法人の社員等となる前に他の弁理士法人の社員等としてその業務に従事していた期間内に、その弁理士法人が相手方の協議を受けて賛助し、又はその依頼を承諾した事件であって、自らこれに関与したもの

　　六　社員等が当該弁理士法人の社員等となる前に他の弁理士法人の社員等としてその業務に従事していた期間内に、その弁理士法人が相手方の協議を受けた事件で、その協議の程度及び方法が信頼関係に基づくと認められるものであって、自らこれに関与したもの

（業務の執行方法）
第四十九条　弁理士法人は、弁理士でない者にその業務を行わせてはならない。

（弁理士の義務に関する規定の準用）

第五十条　第二十九条及び第三十一条の三の規定は、<u>弁理士法人</u>について準用する。

（法定脱退）

第五十一条　<u>弁理士法人</u>の社員は、次に掲げる理由によって脱退する。

　一〜四　（略）

（解散）

第五十二条　<u>弁理士法人</u>は、次に掲げる理由によって解散する。

　一・二　（略）

　三　他の<u>弁理士法人</u>との合併

　四〜六　（略）

　七　（新設 p.164参照）

2　（削る）

<u>2</u>　<u>弁理士法人</u>は、<u>前項第三号及び第六号</u>の事由以外の事由により解散したときは、解散の日から二週間以内に、その旨を経済産業大臣に届け出なければならない。

（弁理士法人の継続）

第五十二条の二　（新設 p.164参照）

（裁判所による監督）

<u>第五十二条の三</u>　<u>弁理士法人</u>の解散及び清算は、裁判所の監督に属する。

2　（略）

3　<u>弁理士法人</u>の解散及び清算を監督する裁判所は、経済産業大臣に対し、意見を求め、又は調査を嘱託することができる。

4　（略）

（清算結了の届出）

第五十二条の四　（略）

（解散及び清算の監督に関する事件の管轄）

第五十二条の五　弁理士法人の解散及び清算の監督に関する事件は、その主たる事務所の所在地を管轄する地方裁判所の管轄に属する。

（検査役の選任）

第五十二条の六　裁判所は、弁理士法人の解散及び清算の監督に必要な調査をさせるため、検査役を選任することができる。

2　（略）

3　裁判所は、第一項の検査役を選任した場合には、弁理士法人が当該検査役に対して支払う報酬の額を定めることができる。この場合においては、裁判所は、当該弁理士法人及び検査役の陳述を聴かなければならない。

（合併）

第五十三条　弁理士法人は、総社員の同意があるときは、他の弁理士法人と合併することができる。

2　合併は、合併後存続する弁理士法人又は合併により設立する弁理士法人が、その主たる事務所の所在地において登記することによって、その効力を生ずる。

3　弁理士法人は、合併したときは、合併の日から二週間以内に、登記事項証明書（合併により設立する弁理士法人にあっては、登記事項証明書及び定款）を添えて、その旨を経済産業大臣に届け出なければならない。

4　合併後存続する弁理士法人又は合併により設立する弁理士法人は、当該合併により消滅する弁理士法人の権利義務を承継する。

（債権者の異議等）

第五十三条の二　合併をする<u>弁理士法人</u>の債権者は、当該<u>弁理士法人</u>に対し、合併について異議を述べることができる。

2　合併をする<u>弁理士法人</u>は、次に掲げる事項を官報に公告し、かつ、知れている債権者には、各別にこれを催告しなければならない。ただし、第三号の期間は、一月を下ることができない。

　　一　（略）

　　二　合併により消滅する<u>弁理士法人</u>及び合併後存続する<u>弁理士法人</u>又は合併により設立する<u>弁理士法人</u>の名称及び主たる事務所の所在地

　　三　（略）

3　前項の規定にかかわらず、合併をする<u>弁理士法人</u>が同項の規定による公告を、官報のほか、第六項において準用する会社法第九百三十九条第一項の規定による定款の定めに従い、同項第二号又は第三号に掲げる方法によりするときは、前項の規定による各別の催告は、することを要しない。

4　（略）

5　債権者が第二項第三号の期間内に異議を述べたときは、合併をする<u>弁理士法人</u>は、当該債権者に対し、弁済し、若しくは相当の担保を提供し、又は当該債権者に弁済を受けさせることを目的として信託会社等（信託会社及び信託業務を営む金融機関（金融機関の信託業務の兼営等に関する法律（昭和十八年法律第四十三号）第一条第一項の認可を受けた金融機関をいう。）をいう。）に相当の財産を信託しなければならない。ただし、当該合併をしても当該債権者を害するおそれがないときは、この限りでない。

6　会社法第九百三十九条第一項（第二号及び第三号に係る部分に限る。）及び第三項、第九百四十条第一項（第三号に係る部分に限る。）及び第三項、第九百四十一条、第九百四十六条、第九百四十七条、

第九百五十一条第二項、第九百五十三条並びに第九百五十五条の規定は、弁理士法人が第二項の規定による公告をする場合について準用する。この場合において、同法第九百三十九条第一項及び第三項中「公告方法」とあるのは「合併の公告の方法」と、同法第九百四十六条第三項中「商号」とあるのは「名称」と読み替えるものとする。

（合併の無効の訴え）

第五十三条の三　会社法第八百二十八条第一項（第七号及び第八号に係る部分に限る。）及び第二項（第七号及び第八号に係る部分に限る。）、第八百三十四条（第七号及び第八号に係る部分に限る。）、第八百三十五条第一項、第八百三十六条第二項及び第三項、第八百三十七条から第八百三十九条まで、第八百四十三条（第一項第三号及び第四号並びに第二項ただし書を除く。）並びに第八百四十六条の規定は弁理士法人の合併の無効の訴えについて、同法第八百六十八条第六項、第八百七十条第二項（第六号に係る部分に限る。）、第八百七十条の二、第八百七十一条本文、第八百七十二条（第五号に係る部分に限る。）、第八百七十二条の二、第八百七十三条本文、第八百七十五条及び第八百七十六条の規定はこの条において準用する同法第八百四十三条第四項の申立てについて、それぞれ準用する。

（違法行為等についての処分）

第五十四条　経済産業大臣は、弁理士法人がこの法律若しくはこの法律に基づく命令に違反し、又は運営が著しく不当と認められるときは、その弁理士法人に対し、戒告し、若しくは二年以内の期間を定めて業務の全部若しくは一部の停止を命じ、又は解散を命ずることができる。

152

2　（略）

3　第一項の規定は、同項の規定により<u>弁理士法人</u>を処分する場合において、<u>当該弁理士法人</u>の社員等につき第三十二条に該当する事実があるときは、その社員等である弁理士に対し、懲戒の処分を併せて行うことを妨げるものと解してはならない。

（一般社団法人及び一般財団法人に関する法律及び会社法の準用等）

第五十五条　一般社団法人及び一般財団法人に関する法律（平成十八年法律第四十八号）第四条並びに会社法第六百条、第六百十四条から第六百十九条まで、第六百二十一条及び第六百二十二条の規定は<u>弁理士法人</u>について、同法第五百八十一条、第五百八十二条、第五百八十五条第一項及び第四項、第五百八十六条、第五百九十三条から第五百九十六条まで、第六百一条、第六百五条、第六百六条、第六百九条第一項及び第二項、第六百十一条（第一項ただし書を除く。）並びに第六百十三条の規定は<u>弁理士法人</u>の社員について、同法第八百五十九条から第八百六十二条までの規定は<u>弁理士法人</u>の社員の除名並びに業務を執行する権利及び代表権の消滅の訴えについて、それぞれ準用する。この場合において、同法第六百十三条中「商号」とあるのは「名称」と、同法第六百十五条第一項、第六百十七条第一項及び第二項並びに第六百十八条第一項第二号中「法務省令」とあるのは「経済産業省令」と、同法第六百十七条第三項中「電磁的記録」とあるのは「電磁的記録（弁理士法第七十五条に規定する電磁的記録をいう。次条第一項第二号において同じ。）」と読み替えるものとする。

2　会社法第六百四十四条（第三号を除く。）、第六百四十五条から第六百四十九条まで、第六百五十条第一項及び第二項、第六百五十一条第一項及び第二項（同法第五百九十四条の準用に係る部分を除く。）、第六百五十二条、第六百五十三条、第六百五十五条から第

六百五十九条まで、第六百六十二条から第六百六十四条まで、第六百六十六条から第六百七十三条まで、第六百七十五条、第八百六十三条、第八百六十四条、第八百六十八条第一項、第八百六十九条、第八百七十条第一項（第一号及び第二号に係る部分に限る。）、第八百七十一条、第八百七十二条（第四号に係る部分に限る。）、第八百七十四条（第一号及び第四号に係る部分に限る。）、第八百七十五条並びに第八百七十六条の規定は、<u>弁理士法人</u>の解散及び清算について準用する。この場合において、同法第六百四十四条第一号中「第六百四十一条第五号」とあるのは「弁理士法第五十二条第一項第三号」と、同法第六百四十七条第三項中「第六百四十一条第四号又は第七号」とあるのは「弁理士法第五十二条第一項第五号<u>から第七号</u>まで」と、同法第六百五十八条第一項及び第六百六十九条中「法務省令」とあるのは「経済産業省令」と、同法第六百六十八条第一項及び第六百六十九条中「第六百四十一条第一号から第三号まで」とあるのは「弁理士法第五十二条第一項第一号又は第二号」と、同法第六百七十条第三項中「第九百三十九条第一項」とあるのは「弁理士法第五十三条の二第六項において準用する第九百三十九条第一項」と、同法第六百七十三条第一項中「第五百八十条」とあるのは「弁理士法第四十七条の四」と読み替えるものとする。

3　会社法第八百二十四条、第八百二十六条、第八百六十八条第一項、第八百七十条第一項（第十号に係る部分に限る。）、第八百七十一条本文、第八百七十二条（第四号に係る部分に限る。）、第八百七十三条本文、第八百七十五条、第八百七十六条、第九百四条及び第九百三十七条第一項（第三号ロに係る部分に限る。）の規定は<u>弁理士法人</u>の解散の命令について、同法第八百二十五条、第八百六十八条第一項、第八百七十条第一項（第一号に係る部分に限る。）、第八百七十一条、第八百七十二条（第一号及び第四号に係る部分に限

る。）、第八百七十三条、第八百七十四条（第二号及び第三号に係る部分に限る。）、第八百七十五条、第八百七十六条、第九百五条及び第九百六条の規定はこの項において準用する同法第八百二十四条第一項の申立てがあった場合における<u>弁理士法人</u>の財産の保全について、それぞれ準用する。

4　会社法第八百二十八条第一項（第一号に係る部分に限る。）及び第二項（第一号に係る部分に限る。）、第八百三十四条（第一号に係る部分に限る。）、第八百三十五条第一項、第八百三十七条から第八百三十九条まで並びに第八百四十六条の規定は、<u>弁理士法人</u>の設立の無効の訴えについて準用する。

5　会社法第八百三十三条第二項、第八百三十四条（第二十一号に係る部分に限る。）、第八百三十五条第一項、第八百三十七条、第八百三十八条、第八百四十六条及び第九百三十七条第一項（第一号リに係る部分に限る。）の規定は、<u>弁理士法人</u>の解散の訴えについて準用する。

6　破産法（平成十六年法律第七十五号）第十六条の規定の適用については、<u>弁理士法人</u>は、合名会社とみなす。

（設立、目的及び法人格）

第五十六条　（略）

2　弁理士会は、弁理士及び<u>弁理士法人</u>の使命及び職責に鑑み、その品位を保持し、弁理士及び<u>弁理士法人</u>の業務の改善進歩を図るため、会員の指導、連絡及び監督に関する事務を行い、並びに弁理士の登録に関する事務を行うことを目的とする。

3　（略）

（入会及び退会）

第六十条　弁理士及び<u>弁理士法人</u>は、当然、弁理士会の会員となり、弁理士がその登録を抹消されたとき及び<u>弁理士法人</u>が解散したときは、当然、弁理士会を退会する。

（<u>弁理士又は弁理士法人</u>でない者の業務の制限）

第七十五条　弁理士又は<u>弁理士法人</u>でない者は、他人の求めに応じ報酬を得て、特許、実用新案、意匠若しくは商標若しくは国際出願、意匠に係る国際登録出願若しくは商標に係る国際登録出願に関する特許庁における手続若しくは特許、実用新案、意匠若しくは商標に関する行政不服審査法の規定による審査請求若しくは裁定に関する経済産業大臣に対する手続についての代理（特許料の納付手続についての代理、特許原簿への登録の申請手続についての代理その他の政令で定めるものを除く。）又はこれらの手続に係る事項に関する鑑定若しくは政令で定める書類若しくは電磁的記録（電子的方式、磁気的方式その他の人の知覚によっては認識することができない方式で作られる記録であって、電子計算機による情報処理の用に供されるものをいう。）の作成を業とすることができない。

（名称の使用制限）

第七十六条　弁理士又は<u>弁理士法人</u>でない者は、弁理士若しくは特許事務所又はこれらに類似する名称を用いてはならない。

2　<u>弁理士法人</u>でない者は、<u>弁理士法人</u>又はこれに類似する名称を用いてはならない。

3　（略）

（弁理士の使用人等の秘密を守る義務）

第七十七条　弁理士若しくは<u>弁理士法人</u>の使用人その他の従業者又は

　これらの者であった者は、正当な理由がなく、第四条から第六条の二までの業務を補助したことについて知り得た秘密を漏らし、又は盗用してはならない。

第八十五条　次の各号のいずれかに該当する場合には、<u>弁理士法人</u>の社員若しくは清算人又は日本弁理士会の役員は、三十万円以下の過料に処する。
　一～七　（略）

　弁理士法目次、第２条、第31条、第６章（第37条～第55条）、第56条、第60条、第75条～第77条、第85条の「特許業務法人」を「弁理士法人」に改めた。

4．他法の関連改正

　弁理士の設立する法人の名称を「特許業務法人」から「弁理士法人」に改めることに伴い、「特許業務法人」の文言が使用されている下記法律においても、「特許業務法人」を「弁理士法人」に改めることとした（改正法附則第11条）。
・戸籍法第10条の３第３項及び第４項第６号
・地方税法第11条の２
・国税徴収法第33条
・住民基本台帳法第12条の３第３項
・通関業法第３条第５項

5．施行期日及び経過措置

(1)　施行期日

　改正法の公布の日から起算して1年を超えない範囲内において政令で定める日（令和4年4月1日）から施行することとした（改正法附則第1条柱書）。

(2)　経過措置
◆改正法附則第7条第3項～第13項

（弁理士法の一部改正に伴う経過措置）
第七条　（略）
2　（略）
3　改正前弁理士法の規定による特許業務法人であって改正後弁理士法の施行の際現に存するもの（以下この条において「旧特許業務法人」という。）は、施行日以後は、この項から第十三項までの定めるところにより、改正後弁理士法の規定による弁理士法人として存続するものとする。
4　この法律の施行前に生じた事実に基づく前項の規定により存続する弁理士法人に対する懲戒の処分については、なお従前の例による。
5　第三項の規定により存続する弁理士法人であって第十項に規定する名称の変更をしていないものは、改正後弁理士法第三十八条の規定にかかわらず、その名称中に特許業務法人という文字を用いなければならない。
6　前項の規定によりその名称中に特許業務法人という文字を用いる第三項の規定により存続する弁理士法人（以下この条において「特例特許業務法人」という。）は、その名称中に弁理士法人という文字を用いてはならない。
7　特例特許業務法人以外の者は、その名称又は商号中に、特例特許

158

業務法人であると誤認されるおそれのある文字を用いてはならない。

8　次のいずれかに該当する者は、二十万円以下の過料に処する。

一　第六項の規定に違反して、弁理士法人という文字をその名称中に用いた者

二　前項の規定に違反して、特例特許業務法人であると誤認されるおそれのある文字をその名称又は商号中に用いた者

9　改正前弁理士法の規定による旧特許業務法人の登記は、改正後弁理士法の相当規定による第三項の規定により存続する弁理士法人の登記とみなす。

10　特例特許業務法人は、第六項の規定にかかわらず、施行日から起算して一年を経過する日までの間、改正後弁理士法第四十二条及び第四十七条の定めるところにより、その名称中に弁理士法人という文字を用いる名称の変更をすることができる。

11　特例特許業務法人が施行日から起算して一年を経過する日までに前項の名称の変更をしないときは、当該特例特許業務法人は、その日が経過した時に解散したものとみなす。

12　前項の規定により解散した場合には、次に掲げる者が清算人となる。

一　社員（次号又は第三号に掲げる者がある場合を除く。）

二　定款に定める者

三　社員の過半数によって選任された者

13　商業登記法（昭和三十八年法律第百二十五号）第七十二条の規定は、第十一項の規定による解散の登記について準用する。

本改正により、弁理士の設立する法人は、その名称中に「弁理士法人」という文字を使用しなければならないこととなる（弁理士法第38条）が、改正法の施行日前に設立された弁理士の法人である「特許業務法人」の全

てについて一律に当該名称使用の義務を課すことは、当該法人の名称変更に係る手続負担の観点から適当でない。

　具体的には、特許業務法人がその名称を変更するためには、総社員の同意による定款の変更及び登記の申請手続、経済産業大臣への届出といった法令に定められた手続に加え、個々の事務所における書類の変更・修正や看板の掛け替え等、実務上必要な多くの事務処理が発生する。

　この点、現存する全ての特許業務法人がこれらの手続及び事務処理を特定の一時点において行わなければならないこととなる場合、事務処理が集中することとなって各特許業務法人及び関係者（出願人、権利者等）に甚大な負担が生じることが予想される。

　よって、改正法の施行日前に設立された「特許業務法人」に対し、名称変更に係る手続を行うための一定の期間を設け、当該期間中においては「特許業務法人」の名称使用を認めることとし、当該期間内に適切に法人名称の変更に係る手続を行うこととした。

　また、法人名称変更に伴い、懲戒処分（弁理士法第54条）の対象となる行為の主体が「特許業務法人」から「弁理士法人」に変更されるところ、特段の経過措置を設けない場合、改正法施行日前に「特許業務法人」として行った当該行為は、施行日以後において、懲戒処分の対象外となる。

　しかしながら、当該行為自体は、法人名称にかかわらず、施行後においても制裁を受けるべきものであるため、改正法施行日前に行われた当該行為を、施行日以後においても懲戒処分の対象とすることとした。

　具体的には、改正法附則第7条第3項において、既存の特許業務法人は、改正後の弁理士法における弁理士法人として存続することを規定した。
また、これに伴い、以下の措置を規定した。
・改正法附則第7条第3項の規定により存続する既存の特許業務法人に対する懲戒処分について、改正法施行日前に生じた事実に基づくものは、なお従前の例によることとした（改正法附則第7条第4項）。
・改正法附則第7条第3項の規定により存続する既存の特許業務法人につ

いては、引き続き「特許業務法人」の名称を用いることとし、新名称（「弁理士法人」）の使用義務（新弁理士法第38条）は、名称を変更するまで課さないこととした（改正法附則第7条第5項及び第6項）。

・既存の特許業務法人が法人変更のために必要な手続を踏まずに弁理士法人の名称を使用した場合、又は既存の特許業務法人以外の者が特許業務法人であると誤認されるおそれのある文字をその名称又は商号中に用いた場合には、20万円以下の過料に処することとした。（改正法附則第7条第7項及び第8項）。

・改正前の弁理士法の規定による旧特許業務法人の登記は、改正後の弁理士法の相当規定によるものとして扱うこととした（改正法附則第7条第9項）。

・既存の特許業務法人は、移行期間内に「弁理士法人」という文字を用いる名称の変更をすることができる旨、移行期間内にこの変更を行わない場合には当該法人は移行期間満了の時に解散したものとみなす旨、並びに解散に伴う清算及び登記に関し必要な事項を規定した（改正法附則第7条第10項～第13項）。

Ⅲ．一人法人制度の導入

1．改正の必要性

⑴　従来の制度

　特許業務法人の設立・存続には、弁理士である社員が二人以上いることが必要とされている（弁理士法第2条第7項、第43条第1項及び第52条第2項）。これは、一つの法人に複数の弁理士が所属し、一人が急遽職務を行えなくなった場合でも他の弁理士がその業務を引き継げるようにすることで利用者への継続的な対応を図るという趣旨である。

⑵　改正の必要性

　現行規定上、弁理士一人の事務所は法人化できずに一人事務所となるが、当該事務所に属する弁理士の高齢化も近年進行している（一人事務所に属する弁理士の平均年齢は令和２年１月時点で59.9歳）。

　このような中、法人化されていない事務所において、社員である弁理士が急遽亡くなった場合、当該弁理士の個人資産と事業資産の分離がなされていないことや、当該弁理士個人の契約の引継処理が必要となることから、事業承継が円滑に進まず、利用者の利便を損なう事例が生じており、今後このような事例がさらに増加していくことが見込まれる。

　また、現在では、他の士業においても一人法人制度が導入されているなど、法人の設立・存続に二人以上の社員が必要な状況ではなくなっている。これを踏まえれば、弁理士一人でも法人の設立を認めることが必要である。

２．改正の概要

　弁理士一人でも法人の設立を可能とした。

3．改正条文の解説

⑴　一人法人制度の導入
◆弁理士法第２条第７項、第43条第１項及び第52条

（定義）

第二条　（略）

2～6　（略）

7　この法律で「弁理士法人」とは、第四条第一項の業務を行うこと
　を目的として、この法律の定めるところにより、弁理士が設立した
　法人をいう。

（設立の手続）

第四十三条　弁理士法人を設立するには、その社員になろうとする弁
　理士が、定款を定めなければならない。

2・3　（略）

（解散）

第五十二条　（略）

2　（削る）

2　（略）

　弁理士法第２条第７項及び第43条第１項から「共同して」の記載を、第
２条第７項から「組織的に」の記載を、それぞれ削除し、第52条において、
社員が１人になった場合の解散事由の規定を削除することとした。

⑵　一人法人制度の導入に伴う指定社員に係る規定の整備

◆弁理士法第47条の３第７項

（指定社員）

第四十七条の三　（略）

２～６　（略）

7　社員が一人の弁理士法人が、事件の依頼を受けたときは、その社
　員を指定したものとみなす。

　弁理士法第47条の３に第７項を新設し、社員の入社や合併による弁理士
業務の基盤の拡大強化を妨げないよう配慮する観点から、一人法人におい
て事件受任後に社員が増加した場合は、当該事件については元々の社員の
みが無限責任を負うこととした。

⑶　一人法人制度の導入に伴う解散に係る規定の整備

◆弁理士法第52条第１項及び第52条の２　（新設）

（解散）

第五十二条　弁理士法人は、次に掲げる理由によって解散する。

　一～六　（略）

　七　社員の欠乏

2　（削る）

2　（略）

（弁理士法人の継続）

第五十二条の二　弁理士法人の清算人は、社員の死亡により前条第一
　項第七号に該当するに至った場合に限り、当該社員の相続人（第
　五十五条第二項において準用する会社法第六百七十五条において準

> 用する同法第六百八条第五項の規定により社員の権利を行使する者
> が定められている場合には、その者）の同意を得て、新たに社員を
> 加入させて弁理士法人を継続することができる。

　法人の解散事由を規定する弁理士法第52条第1項に「社員の欠亡」を新
たに追加することとした。

　また、弁理士法第52条の2を新設し、唯一の社員が死亡した場合におい
ても、法人を解散させずに、依頼者保護等を図る観点から、社員が欠けた
場合であっても、相続人等の同意の下、新たに社員を加入させて法人を継
続することを可能とすることとした。

4．施行期日及び経過措置

(1)　施行期日

　改正法の公布の日から起算して1年を超えない範囲内において政令で定め
る日（令和4年4月1日）から施行することとした（改正法附則第1条柱書）。

(2)　経過措置
◆改正法附則第7条第2項

> （弁理士法の一部改正に伴う経過措置）
> 第七条　（略）
> 2　施行日前に第八条の規定による改正前の弁理士法（以下この条に
> 　おいて「改正前弁理士法」という。）第五十二条第二項の規定によ
> 　り解散した特許業務法人は、施行日以後その清算が結了するまで（解
> 　散した後三年以内に限る。）の間に、その社員が当該特許業務法人
> 　を継続する旨を日本弁理士会に届け出ることにより、当該特許業務
> 　法人を継続することができる。

　現行法においては、特許業務法人において社員弁理士が一人となった後、引き続き6月間社員が二人以上にならなかった場合は、当該特許業務法人はその6月が経過した時に解散するものとされている（弁理士法第52条第2項）。

　本改正により、特許業務法人の設立に必要な社員数を二人から一人に変更することに伴い、既存の特許業務法人の社員数が一人に減少した場合でも、当該法人は解散せずに存続することとなる。

　一方、改正法施行前に社員が一人に減少して6月が経過し、上記の規定により解散したものの、改正法施行後において清算中となっている特許業務法人は、一人法人自体は認められている状況にもかかわらず、解散後であるために清算を完了させ消滅することとなる。そのため、当該清算中の法人内の社員が一人で法人を継続させる意思があっても、一旦当該法人を消滅させた後、改めて一人法人を設立する必要があり、不合理である。

　よって、当該清算中の特許業務法人について、社員に法人を継続させる意思がある場合には、所定の手続を経た上で継続することができることとした。

　具体的には、改正法附則第7条第2項において、改正前の弁理士法第52条第2項の規定により解散した特許業務法人について、施行日以後その清算が結了するまで（解散した後3年以内に限る。）の間に、その社員が当該特許業務法人を継続する旨を日本弁理士会に届け出た場合には、当該特許業務法人を継続することができる旨を規定することとした。

条 文 索 引

制度改正担当者

※所属はいずれも当時のもの。特段の表記がなければ制度審議室所属。

【制度改正全体】
猪俣　明彦　室長
橋本　直樹
湯川　絢子
露口　稜馬
源　　翔太

【特許権等の権利回復の要件の変更】
小野寺賢治
後藤　慎平
原　真一郎（審査業務課）
海江田聡美（同上）

【特許権侵害訴訟等における第三者意見募集制度の導入】
北中　　忠
後藤　昂彦
松本　健男　※法制専門官

【口頭審理期日等における当事者等の出頭のオンライン化】
高橋　　克（審判企画室）
大屋　静男（同上）
鷲崎　　亮（同上）

【訂正審判等における通常実施権者の承諾の要件の見直し】
高橋　　克（審判企画室）

大屋　静男（審判企画室）
根岸　克弘（商標制度企画室）
林田　悠子（同上）
内藤　隆仁（同上）

【特許料等の料金改定】
植木　貴之（総務課）
河島　拓未（同上）
佐伯憲太郎（同上）
伊藤　章浩（同上）

【災害等の発生時における割増手数料の免除】
後藤　慎平
小野寺賢治

【国際意匠登録出願における新規性喪失の例外適用証明書の提出方法の拡充】
大峰　勝士
久保田大輔（意匠課）
平田　哲也（同上）
五十嵐伸司（同上）

【国際意匠登録出願に係る登録査定の謄本の送達見直し】
小野寺賢治
家永　紫乃
近野智香子（国際意匠・商標出願室）
鶴羽　芽衣（同上）
榎本　史夫（国際政策課）

【国際商標登録出願における商標登録手数料の二段階納付の廃止及び登録査定の謄本の送達見直し】

　　小野寺賢治

　　家永　　紫乃

　　近野智香子（国際意匠・商標出願室）

　　鶴羽　　芽衣（同上）

　　林田　　悠子（商標制度企画室）

　　内藤　　隆仁（同上）

　　榎本　　史夫（国際政策課）

【海外からの模倣品流入に対する規制の強化】

　　（商標法）

　　下山　　月菜

　　坂本　　明子　※法制専門官

　　（意匠法）

　　大峰　　勝士

【特許料等の支払手段の見直し】

　　植木　　貴之（総務課）

　　丸岡　　大志（同上）

　　二瓶　　崇司（同上）

【弁理士法の改正】

　　岡本　　正紀（弁理士室）

　　田口　　裕健（同上）

　　高浜　　広和（同上）

　　小野　　隆史（同上）

　　森田あゆみ（同上）

　　高岸真梨子（同上）

令和3年　特許法等の一部改正
産業財産権法の解説

2022（令和4）年2月15日　初版発行

編　集		
©2022	特 許 庁 総 務 部 総 務 課	
	制 　度 　審 　議 　室	
発　行	一般社団法人発明推進協会	
発行所	一般社団法人発明推進協会	
	所在地	〒105-0001
		東京都港区虎ノ門3-1-1
	電　話	東京　03（3502）5433（編集）
		東京　03（3502）5491（販売）
	F A X	東京　03（5512）7567（販売）

乱丁・落丁本はお取り替えいたします。
ISBN978-4-8271-1365-5　C3032

印刷：株式会社丸井工文社
Printed in Japan

発明推進協会ホームページ：http://www.jiii.or.jp/